KARNAK

Le
temple d'Amon
restitué
par l'ordinateur

Marc Albouy Henri Boccon-Gibod
Jean-Claude Golvin Jean-Claude Goyon
Philippe Martinez

M.A. Editions

◁◁
L'effondrement des dalles du plafond de la grande salle hypostyle laisse aujourd'hui directement apparaître le ciel, qui semble être soutenu par les formidables colonnes papyriformes à corolles épanouie, de l'allée centrale.

Collection « L'œil de la Science »

Direction éditoriale : Jean-Jacques Brisebarre

Direction de l'ouvrage :
Marie-Hélène Kollen-Orban

Secrétariat de rédaction : Jean-Claude Goyon

Graphisme, maquette : Thomas Gravemaker, Arbook International
Photogravure : Arbook International, Paris
Imprimé en Italie

ISBN : 2-86676-497-8

SOMMAIRE

Au temps de sa complète splendeur, la « cour des Bubastides », à l'occident du temple d'Amon présentait un aspect très proche de cette restitution permise par la CAO ; l'observateur s'est placé au sud pour créer cette coupe d'ouest en est, qui partant du reposoir de Séthi II (à gauche), met en place le kiosque de Taharqa abritant la divine barque pour aboutir à l'avant-porte du IIe pylône et l'entree de l'hypostyle (à droite).

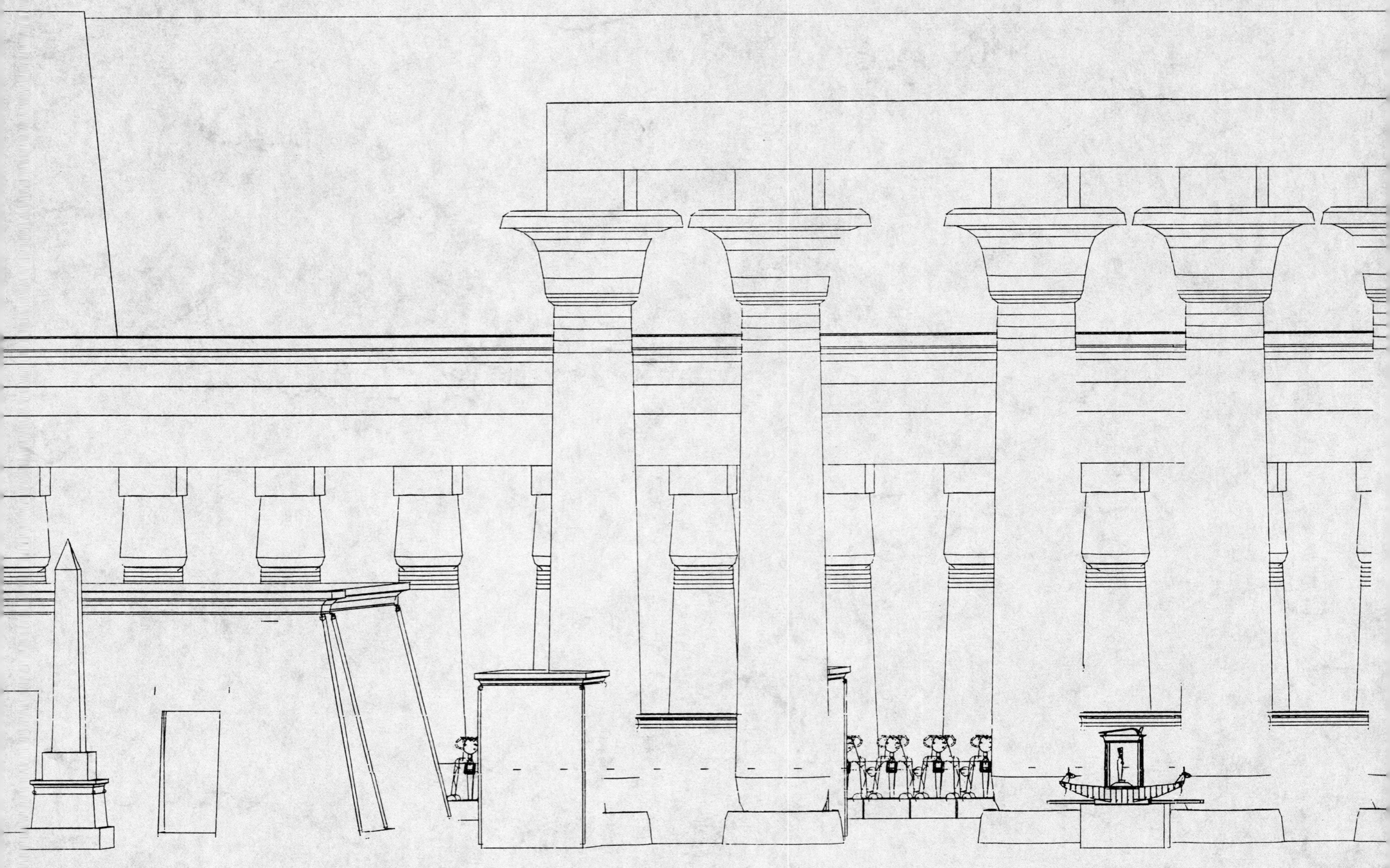

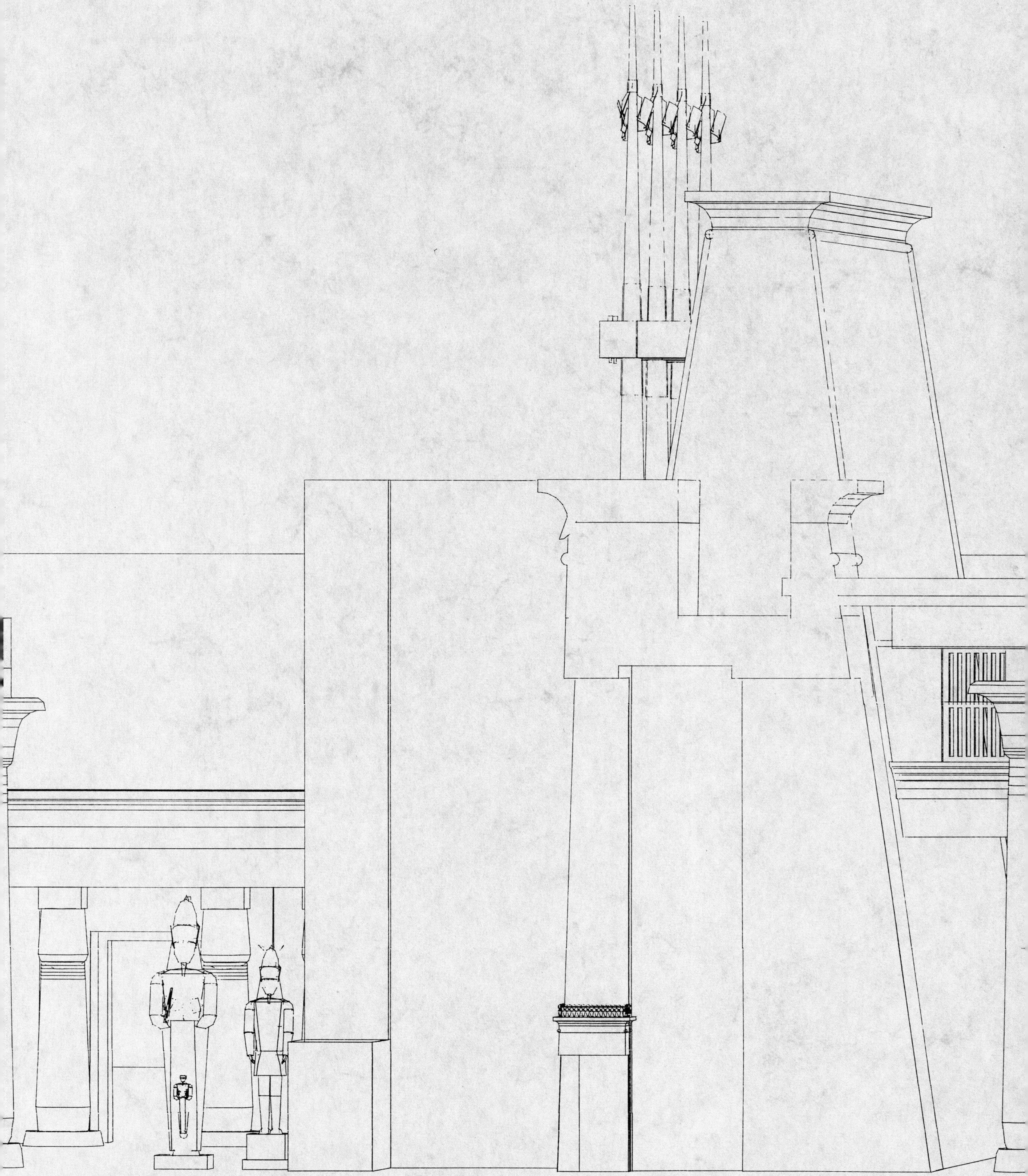

Remerciements

Aucun travail — même collectif — ne peut aboutir sans le soutien attentif, la participation active ou discrète, la bienveillance ou l'accord tacite d'un certain nombre d'acteurs.
C'est pourquoi nous tenons à remercier :
La Fondation Électricité de France et notamment son président M. Marcel Boiteux et son délégué général M. Jean-Marie Cognet pour le soutien qu'ils ont apporté à la publication de cet ouvrage.
La Direction des sciences de l'homme et de la société du Centre national de la Recherche scientifique, et notamment son responsable, M. Jacques Lautman qui a permis à ces travaux de se poursuivre.
M. Pierre Delaporte, président du conseil d'administration d'Électricité de France et M. Jean Bergougnoux, directeur général, qui ont vivement encouragé les actions de mécénat technologique menées par la Direction des Études et Recherches d'EDF.
Nous espérons que M. Claude Bienvenu et M. Paul Caseau qui se sont succédé à la tête de la Direction des Études et Recherches ainsi que M. Paul Godin et M. Yves Bamberger, responsables successifs du service informatique et mathématiques appliquées trouveront dans ce livre les motifs de satisfaction qu'ils sont légitimement en droit d'attendre pour le soutien attentif qu'ils ont apporté à ce projet.
Nous voudrions qu'il en soit de même pour les cadres directement concernés :
Jacques Montluçon qui a initié la collaboration avec l'équipe d'archéologues de Karnak, Michel Gondran, David Feingold, Patrice Cornon, qui ont participé à la mise en œuvre informatique.
Par-delà les frontières, en terre d'Égypte, plusieurs personnalités nous ont témoigné dans les fonctions officielles qu'ils occupaient leur bienveillante attention :
M. Pierre Hunt, ambassadeur de France au Caire,
Le Dr. Ahmed Kadri, président de l'Organisation des Antiquités égyptiennes,
M. Denis Louche, attaché culturel à l'ambassade de France.
Nous leur exprimons notre gratitude.
Que M. Mohamed El-Saghir, M. El Sayed Hegazy, M. Abdel Hamid Maarouf, qui ont participé aux travaux sur le terrain du Centre franco-égyptien de Karnak reçoivent ici le témoignage de notre reconnaissance.
Nous souhaitons associer à ce travail et exprimer nos remerciements à tous ceux qui ont participé à un moment ou à un autre à la longue marche des travaux préliminaires ou à la tâche fastidieuse de la mise en œuvre informatique du projet :
M. Luc Gabolde, Mme Véronique Noyère, Mme Catherine Graindorge, et toute l'équipe d'archéologues du Centre franco-égyptien de Karnak ; M. Joachim Roma, photographe, Mme Céline Rochemann, informaticienne... et toute l'équipe de conception assistée sur ordinateur de la Direction des Études et Recherches d'EDF.
Cet ouvrage doit également beaucoup à la patience de Mlle Odette Thiriat et de Mme Annie Panek qui ont effectué avec talent la dactylographie des manuscrits et supporté avec gentillesse les corrections successives de l'équipe de rédaction.

Marc Albouy

Avant-Propos

L'étude des monuments anciens répond au besoin qu'éprouve l'homme moderne de mieux connaître les témoins de son passé. Souvent, ces études sont limitées à l'examen de vestiges plus ou moins importants, sans chercher à tenter de restituer, au moins par le dessin, l'ensemble de la construction dans son aspect initial. Attitude regrettable, car les éléments d'architecture conservés en place ou les blocs épars, malgré leur intérêt historique ou artistique, constituent tout au plus une base documentaire pour la recherche scientifique ou un point de passage pour les touristes. Dans la plupart des cas, ils ne donnent qu'une idée très imparfaite de l'architecture d'une période, d'une ère ou, parfois, d'un règne, surtout lorsqu'ils se réduisent à des données chiffrées (longueur, largeur, épaisseur, estimation de hauteur ou de volume...) accumulées sur le papier. Cette démarche n'apporte pas au chercheur la vision globale et cohérente qu'il souhaite acquérir après la longue période d'analyse à laquelle il a consacré tant d'efforts.

L'architecture sacrée d'Égypte est complexe, mobile et évolutive, tout à la fois ; sur les pierres assemblées s'inscrivent l'histoire d'un peuple, les mutations de sa pensée, les espoirs, comme les tâtonnements qui furent les siens dans l'élaboration de sa doctrine nationale. Dès lors, pour pénétrer dans cet univers que les textes et, surtout, les parois de pierre mutilées qui les portent laissent entrevoir, il faut d'autres préoccupations et d'autres moyens que ceux de la simple recherche théorique.

Pour rendre à l'édifice les volumes et les formes qui définissent sa nature et son rôle, il convient de procéder à de soigneuses études comparatives avec des constructions semblables ou voisines, mieux conservées, mais en respectant scrupuleusement les critères historiques. Le chercheur est alors placé sous l'impérieuse contrainte de la prudence : il lui faut éliminer sévèrement toute hypothèse qui manquerait de vraisemblance technique ou ne répondrait pas aux exigences fonctionnelles d'un lieu voué au culte et aux liturgies solennelles, c'est-à-dire à l'action et au mouvement d'êtres humains priant et honorant leur dieu.

Là ne doit pas s'arrêter la lente quête du savoir. S'il peut tenter d'apprécier par sa seule pensée les conditions antiques d'utilisation et de signification de tel ou tel lieu sacré, l'archéologue ne peut négliger l'histoire locale du monument au travers des témoignages des générations successives. S'il s'enferme dans le seul passé, celui qui correspond au temps où l'homme antique agissait, il peut se priver d'informations précieuses. Il ne doit pas oublier, en effet, que l'histoire est linéaire et que, là où s'arrête l'archéologie des vestiges, commence celle des récits, parfois même de la légende. Cette *survie* du passé dans la mémoire des hommes, fruit souvent de l'incompréhension et de la surprise, plus que du souci historique, donne cependant aux textes anciens et aux récits de voyageurs jusqu'aux époques récentes un poids non négligeable. Beaucoup ont vu, mentionné, quelquefois décrit, ce qu'aujourd'hui l'archéologie ignore, faute de traces tangibles.

Bref, pour qui veut parfaire l'image de monuments, jadis imposants et vivants, souvent aujourd'hui réduits à l'état de ruines, aucune information ne peut être négligée ; toutes les données doivent être rassemblées, pesées, analysées et critiquées avant d'être intégrées dans la base de connaissances qui permettra de « reconstruire » logiquement le monument.

Dans le cas du temple d'Amon-Rê à Karnak, la complexité des approches prend une ampleur qu'il est difficile d'imaginer, en raison même de la nature des lieux tout autant que de leur histoire. A Karnak, l'archéologue est en présence d'un édifice cultuel en perpétuelle croissance, d'un ensemble monumental conçu dès l'origine comme le corps d'un être vivant qui naît, grandit, se ramifie et se développe, mais qui jamais ne doit mourir. A Karnak, l'homme moderne rencontre une histoire, celle des anciens Égyptiens qui ont construit dans l'élan de la foi, puis ont fini par oublier ce à quoi ils ont attaché si longtemps tant de prix. Ainsi, Karnak, né sous le règne de Sésostris I, aux environs de la fin du xxe siècle avant le Christ, vivra jusqu'aux premières heures du christianisme. Sa *mort* temporaire n'interviendra qu'à partir de l'an 330 de notre ère, lorsque commencèrent les premières grandes destructions du site sous le règne de Constantin I. Viendront les sables et l'oubli... puis une nouvelle vie, celle de la découverte des temps modernes.

Dès lors, retracer l'histoire monumentale du plus vaste des centres spirituels de l'Égypte antique n'est pas une tâche aisée. Certes, les vestiges parvenus jusqu'à nous sont, par chance, parmi les mieux conservés, mais que d'incertitudes demeurent dès lors que l'on veut saisir l'apparence de ce qui fut, pendant plus de deux millénaires, en perpétuel mouvement ! Grand temple dynastique du « Double Pays », Karnak et le temple d'Amon-Rê ont vu chaque pharaon — ou presque — édifier ou modifier les lieux saints dans le but essentiel, corollaire de la charge monarchique, d'offrir à son modèle et « père », Amon-Rê, roi des dieux, une résidence terrestre toujours plus somptueuse et plus fonctionnelle. Car la puissance divine révélée qu'abritaient les constructions protectrices était celle du démiurge — le créateur de l'univers — qui garantit l'ordre cosmique mais aussi l'ordre terrestre. Amon, l'Universel, était considéré comme la force unique, capable d'assurer la cohésion du monde des humains et Karnak était la demeure de celui qui assurait par sa présence l'équilibre économique, politique et social du royaume d'Égypte.

Ces lieux sacrés abritaient ainsi un mystère suprême dont le culte rythmait la célébration : mystère du *renouvellement cyclique et régulier des conditions premières de la création originelle, commémoration de l'acte même qui fit surgir le monde du néant.* Aux temps prévus de l'année déterminés par les crues régulières du Nil, aux heures de la journée définies par la course céleste du soleil, les liturgies perpétuent l'*état de création*, c'est-à-dire l'état *d'ordre et d'équilibre* des forces incarné par Maât. Maât était, pour les anciens Égyptiens, ce principe qui résume en lui tout ce que nos idées modernes de force, d'organisation, de mesure, de justice et d'harmonie universelle peuvent signifier. Dans le temple égyptien, et surtout à Karnak, vit l'Esprit qui organise et concentre en sa présence réelle toutes les puissances qui s'opposent au désordre et au chaos.

Car l'existence, en Égypte, fait naître l'angoisse. Chaque être conscient sait que sa vie dépend des cycles naturels : trop d'eau ou pas assez ; trop de vents qui annulent l'effet bénéfique de l'eau apportée par le Nil et c'est la « famine » avec son cortège d'horreurs : « l'année des hyènes », comme le disent les vieux textes ! L'Égyptien antique vit dans l'abomination du désordre mais aussi dans la crainte de l'indicible menace que représente l'éventuel triomphe des forces désorganisatrices. Celles-ci sont contenues, c'est vrai, mais elles ne peuvent être éliminées, car elles appartiennent à la nature même du créé. Toute existence suppose son contraire, tout élément positif exige son symétrique, le négatif. Ainsi, le « Mal » de ce qui est inorganisé est toujours prêt à se manifester et peut entraîner la désintégration de l'univers, le retour au néant des origines où rien n'était différencié et où la vie était absente ou tout simplement latente.

L'homme de la Vallée du Nil dont la terre nourricière, tous les ans, disparaissait pendant plus de trois mois sous le flot venu du sud lointain, n'imaginait pas l'Égypte — et le monde — autrement que comme une sorte d'*îlot* privilégié où l'on peut vivre, mais dont les limites sont celles du *Noun*, l'océan infini du liquide des origines qui, sans la manifestation du divin créateur, demeure l'*Inorganisé*. Océan primitif porteur à la fois de menace et de garantie ! Car le dieu, présent parmi les hommes dans sa manifestation concrète au cœur des temples, est là pour assurer la conservation de l'énergie vitale qui maintient la cohésion des composantes de la création. Le *Noun* qui environne le créé en contient éternellement les facteurs. L'énergie divine que préservent les hommes d'Égypte et leur souverain, le Pharaon, peut alors, à tout instant, renouveler l'« Acte » qui fut celui de la « Première fois ».

C'est dans le culte que les humains rendent au divin que cette pensée trouve, en Égypte, son sens profond. Donner à Amon-Rê la preuve d'une communauté humaine vivant dans le respect de l'ordre et de l'équilibre voulus par le dieu est l'unique moyen d'inciter le divin à maintenir la présence de l'énergie créatrice. L'on mesure ici l'importance qu'avait, pour le vieil Égyptien, la protection constante de la parcelle, unique et précieuse entre toutes, de cette fantastique puissance vitale cachée dans la toute petite statue-support enfouie au plus secret du sanctuaire. Et comme l'homme d'Égypte est présent sur toute l'étendue du « Double Pays » et dans son empire, il sait que, partout où il vit, le divin est présent. Car ce qui est *vie* est universel et le caractère ineffable de cette nature est exprimé par le « Verbe ». Omniprésent, le divin est « Amon », phonétisation de l'antique vocable hiéroglyphique *IMN*, « ce qui est caché, inconnaissable », ce que l'esprit humain ne peut réellement définir dans toute son étendue et sa diversité.

Dès lors, la multiplicité des sanctuaires qui furent dédiés à Amon, Karnak d'abord, mais aussi Louqsor, Thèbes-ouest et bien d'autres lieux saints d'Égypte, de Nubie et même d'Asie, peut surprendre. Elle ne doit pas être considérée comme contradictoire avec la conception fondamentale d'une unicité du divin. Cette multiplicité correspond à l'infinité des possibilités de sa manifestation omniprésente dans ce qui est la *Vie*. Selon l'heureuse expression de Serge Sauneron, les divers sanctuaires d'Amon doivent être considérés comme les points d'*émergence* et de *concentration* de la force de vie divine. Et parmi eux, sans conteste, Karnak occupe le premier rang, l'histoire de l'Égypte lui ayant donné le privilège d'être le premier, dont l'importance ne fut jamais supplantée.

Que le lecteur nous pardonne cette incursion dans le domaine, souvent fort complexe, des préoccupations religieuses de l'Égypte antique. Sans ce préambule, il eût été impossible de l'aider à mieux comprendre tout ce que le temple d'Amon-Rê à Karnak a pu représenter d'essentiel dans la vie et la pensée des hommes de la Vallée du Nil pendant des millénaires. Et plus encore, il aurait été vain de vouloir rendre compte des fonctions majeures que ce temple eut à assumer, si l'on n'avait rappelé au préalable que Karnak est le lieu de renouvellement permanent des puissances qui assurent à l'univers sa cohésion, celui où Pharaon « fils », « héritier » et « lieutenant » d'Amon sur terre reçoit et affirme sa légitimité et son pouvoir.

Histoire et spiritualité sont deux des mots clés de Karnak, architecture sacrée est le troisième. Pour être à même de formuler les bonnes questions, il faut toujours conjuguer ces trois mots. L'architecture des temples d'Égypte, et de Karnak tout spécialement, ne peut être comprise uniquement par l'étude des formes qu'elle adopte, ni même par le rôle que jouent les espaces qu'elle définit.

En effet, la fonction véritable des édifices cultuels égyptiens de l'Antiquité relève davantage des impératifs religieux que des raisons d'ordre technique ou pratique. Ceci veut dire qu'à Karnak, il n'est guère possible d'interpréter les programmes architecturaux, leur succession ou leurs connexions, si l'on ne cherche à définir, simultanément, le rôle qui fut le leur dans la « vie », le « fonctionnement » du temple. Au-delà des programmes mis en œuvre et dont le terrain porte encore les traces visibles, ce serait une erreur d'oublier que le site immense de Karnak garde encore dans son enceinte des dizaines de milliers de blocs décorés et inscrits, dont beaucoup appartiennent aux éléments encore en place et viennent rejoindre, au moins sur le papier, leur emplacement d'origine. Mais la majorité d'entre eux ne retrouvera jamais son mur ou son plafond, son architrave ou sa colonne. Ce sont les témoins les plus rares, les plus précieux aussi, car ils ont appartenu aux origines du temple, à l'histoire de sa croissance et de sa vie. Un jour lointain, ils furent la splendeur d'Amon. Mais, dans l'Égypte des Pharaons, la splendeur se surpasse toujours et ce qui fut grand un temps devient insuffisant aux yeux d'une foi sans cesse plus exigeante. Et ces blocs provenant des constructions rasées, refaites ensuite à neuf et plus grandes, furent leurs racines ; enfouis dans le sol ou encore dans les massifs des pylônes et des murs, ils demeurèrent propriété du dieu. Plus tard, quand d'autres passions animèrent les hommes, ceux-ci, par

vandalisme ou pour les besoins de l'archéologie, les ramenèrent à la lumière. Nul ne peut, depuis, les négliger.
Le lecteur mesure ainsi la complexité du problème que pose à l'égyptologie moderne la restitution architecturale précise et cohérente des formes et des volumes des différentes étapes de l'évolution du temple d'Amon-Rê. C'est, cependant, la tâche que les archéologues du Centre franco-égyptien d'Étude des temples de Karnak se sont assignée ; beaucoup d'études de synthèse effectuées récemment leur fournissaient les bases nécessaires au succès d'une telle entreprise. Mais les conditions décisives de la réussite leur furent apportées grâce au mécénat technologique de la Direction des Études et Recherches d'Électricité de France. Bénéficiant de la collaboration et du soutien apportés bénévolement par des équipes spécialisées dans le maniement de logiciels de grande dimension en conception assistée sur ordinateur, et également de la puissance du Centre de calcul scientifique de Clamart, les recherches mises en œuvre ont pu, en quelques mois, faire des progrès considérables. L'aboutissement de ces recherches permet aujourd'hui de donner de ce haut lieu millénaire des images belles et fidèles qui, pour nous, hommes du XXe siècle, sont à coup sûr neuves et surprenantes. Mais plus encore, ces images concrétisent et synthétisent aussi clairement que possible les hypothèses que l'archéologue a émises, puis les certitudes qu'il a pu acquérir sur les phases les plus significatives du développement historique du temple de Karnak.
Que va découvrir le lecteur au fil des chapitres de cet ouvrage ? Avant de l'inviter à se plonger dans les images de la vie renouvelée du temple d'Amon, nous lui proposons de nous accompagner dans la longue marche des *recherches préliminaires*. Qu'il n'omette pas, ensuite, de prêter attention au court chapitre qui explique l'utilisation de la conception assistée sur ordinateur (familièrement appelée CAO) pour restituer les volumes de ce complexe monumental. Comment ont été introduits progressivement dans la machine les « mots » puis la « grammaire » des bâtisseurs de Karnak ? Comment a surgi à nouveau ou resurgi, dans le « cerveau de l'ordinateur », la mémoire cumulée de la vie de cet édifice cultuel hors du commun ? Et comment, grâce à la synthèse d'images interactives, ces volumes disparus de la mémoire des hommes depuis plus de quinze siècles réapparaissent à présent à notre vue pour pénétrer à nouveau dans nos esprits d'hommes modernes ? C'est grâce à la CAO que le lecteur pourra percevoir ensuite l'évolution de Karnak au fil des siècles. De nombreux dessins font revivre de façon frappante les principales étapes — telle la séquence d'un film au ralenti — de la construction de cet immense corps, tandis que des vues tirées directement de ces dessins permettent de comparer le Karnak du passé aux photographies actuelles. Mais la conception assistée sur ordinateur n'est pas seulement un moyen de représentation, elle est aussi, pour l'archéologue comme pour le concepteur de centrales nucléaires ou d'usines modernes, un outil de travail qui permet de *tester des hypothèses*. Pour les besoins de la démonstration, trois espaces du temple ont été retenus : l'*Ouadjyt* de Thoutmosis I et d'Hatshepsout, la salle hypostyle, et la « cour » du Moyen Empire. C'est dans ce chapitre que le lecteur pourra visualiser le *temple des origines*, celui de Sésostris I, qui n'avait jusqu'à présent jamais été représenté. Cependant, ce livre serait incomplet si nous négligions l'Homme, dont les gestes et le verbe ont animé les espaces sacrés du sanctuaire que nous avons cherché à recréer avec l'aide de la science moderne. En suivant la progression au fil des âges d'un grand chantier pharaonique, c'est l'homme au travail que nous proposons de retrouver. C'est à lui que revient également la première place dans la séquence illustrée qui évoque différents moments de la vie du temple au cours de la journée et lors des solennités majeures.
Les images que nous présentons dans ce dernier chapitre sont très fortes : elles ne manqueront pas de séduire le public et risquent peut-être de choquer le savant.
Au premier, nous disons : « Laissez-vous aller à la contemplation de ces espaces, mais ne vous laissez pas séduire au point de croire qu'il s'agit d'une bande dessinée. Ce sont les vues directement issues des dessins exacts, vérifiés, que donne la conception assistée sur ordinateur. »
Au second, nous disons : « Ces images sont le fruit d'une longue et patiente recherche. Elles représentent ce que nous savons de mieux actuellement sur le temple d'Amon. Ne vous arrêtez pas au détail des couleurs, mais, en

revanche, réfléchissez bien au volume. Si de nouvelles découvertes, de nouvelles recherches viennent dans le futur modifier les détails, ou même détruire complètement une hypothèse, une matinée de travail suffit pour "reconstruire" le détail ou l'édifice contesté. »

Outil de travail incomparable, la conception assistée sur ordinateur met désormais à la disposition du chercheur sa souplesse et sa rigueur : souplesse de sa base de connaissances et de son mode de représentation, rigueur de son analyse et de sa logique. C'est au lecteur, au chercheur, en parcourant cet ouvrage qu'il appartient de dire si la démonstration que nous avons tenté d'établir est concluante.

Pour les archéologues qui ont travaillé sur ce projet, la réponse ne fait pas de doute : la conception assistée sur ordinateur s'est révélée d'un intérêt fondamental à la fois pour représenter le temple d'Amon dans sa double dimension spatiale et temporelle et pour tester différentes hypothèses de construction et de fonctionnement. Pour les deux équipes qui ont travaillé ensemble, l'aboutissement de ce projet est la preuve éclatante de l'efficacité d'une collaboration pluridisciplinaire exemplaire qui est parvenue progressivement à triompher des différents problèmes rencontrés.

Aucun exemple mieux que Karnak n'aurait été à même de justifier un tel enjeu. Il fallait cet intérêt historique majeur, la complexité de cet ensemble monumental pour oser et espérer réussir. Ce n'est, en effet, que lorsqu'ils sont confrontés à une matière riche, variée, malaisée à traiter que l'homme et l'ordinateur associés donnent la pleine mesure de leurs étonnantes possibilités conjuguées. Ainsi, les méthodes de travail et les technologies les plus modernes de notre temps peuvent-elles, grâce à leur souplesse et à leur puissance, s'appliquer à rendre à la vie les civilisations les plus anciennes.

Certes, bien des choix, nécessaires à la simplification de l'exposé de même qu'aux exigences d'une diffusion rapide des procédés et de leurs résultats, ont dû être effectués. Bien des points de détail demandent à être améliorés, d'autres n'en sont qu'au stade initial de leur restitution et de leur « recréation ». Mais, qui pourrait prétendre écrire un jour le dernier mot de l'histoire du temple d'Amon-Rê de Karnak ? Celui-là nierait du même coup la nature même de l'édifice, qui pour ceux-là même qui le conçurent et le réalisèrent ne pouvait connaître de fin. A l'échelle cosmique, jusqu'ici, la Vie a-t-elle une fin ? Pour le vieil Égyptien, Karnak était un Être vivant et éternel, comme le Divin. Pour nous, qui cherchons à pénétrer ses secrets et qui travaillons à sa valorisation aux yeux des hommes, il gardera toujours le sens profond, multiple et insaisissable qui est celui de la vie sans cesse renouvelée...

Introduction

Cet ouvrage nous plonge dans les millénaires de l'histoire : il tente de faire revivre, par les mots et par l'image, un passé disparu de la mémoire des hommes, un monument hors du commun, conçu, construit et animé par la foi de tout un peuple en une vie d'éternité.
Aucun ensemble monumental ne rivalise, en effet, avec le temple d'Amon-Rê de Karnak par sa complexité architecturale, sa signification religieuse autant que dynastique. Karnak, mot magique sur les guides de voyage, est devenu, grâce aux techniques modernes du transport aérien, un instant d'éternité dans le souvenir des millions de touristes qui l'ont visité. Grâce aux travaux récents menés depuis près de dix ans par le Centre franco-égyptien de Karnak, aux techniques modernes de l'informatique et à la collaboration entre deux équipes de chercheurs, grâce à une nouvelle forme de mécénat, le mécénat technologique, ce souvenir peut désormais s'enrichir d'une vision et d'une compréhension nouvelles. Car le visiteur qui pénètre pour la première fois sur ce site immense à peine dégagé de son tombeau de sable, séduit par la succession des pylônes, la majestueuse grandeur de la salle hypostyle et l'élégance des obélisques qui montent vers le ciel, ne peut à l'évidence imaginer l'ordonnancement rigoureux de l'architecture complexe de cet ensemble monumental. Comment suivre toutes les étapes du développement de ce corps qui a grandi pendant deux millénaires, par bonds successifs, selon l'axe solaire est-ouest et selon l'axe royal sud-nord, en se nourrissant, au besoin, de sa propre substance ?
Vaste chantier en perpétuelle activité, Karnak n'était pas seulement une construction. Pour tout un peuple, pendant ces deux millénaires, il était la demeure d'Amon, le point symbolique d'émergence de l'énergie vitale qui anime le monde depuis sa création. Au plus profond du temple, dans l'obscurité, se renouvelait tous les jours le mystère de la création originelle faisant surgir le monde du néant. Les hautes murailles de ses enceintes successives préservaient, précieuse entre toutes, la parcelle d'énergie solaire, la lumière du premier jour appelant toute la création à la vie. Amon le « caché », à l'abri de son temple, ne garantissait pas seulement l'ordre cosmique ; en partageant le pouvoir avec son fils, Pharaon, dont il acceptait périodiquement de réaffirmer la légitimité, il assurait l'équilibre économique, politique et social du Double Pays.
Karnak a vécu ainsi, jour après jour, dans les cris et les chants des grands chantiers pharaoniques, dans le secret du rituel journalier, ainsi que dans la ferveur joyeuse des cérémonies solennelles. Destiné à l'éternité, ce témoignage de l'ordre cosmique, comme toute entreprise humaine, a été victime de l'usure du temps et du désordre des hommes. Tel un Osiris, il gît sur le sol d'Égypte au bord du Nil. Inlassablement, à l'image d'Isis, les égyptologues ont entrepris la longue « quête de son remembrement ». Grâce aux techniques modernes de conception assistée sur ordinateur utilisées couramment pour la conception des centrales nucléaires, une étape importante de la lente « résurrection » de Karnak vient d'être franchie ; nous la livrons à la curiosité du lecteur.
Qu'y a-t-il de commun entre le temple d'Amon-Rê de Karnak et une centrale

nucléaire ? La complexité architecturale commune à ces deux ensembles a été déterminante, bien évidemment, dans le choix de la technologie informatique retenue. Mais une relation de parallélisme existe également entre ces deux constructions, les parallèles, est-il besoin de le rappeler, n'ayant jamais de points communs. D'un côté, en ces temps anciens, de nombreuses générations s'attachent à construire un ensemble cultuel monumental pour perpétuer jour après jour, à l'abri d'enceintes successives de pierre, le rite symbolique du renouvellement de l'énergie solaire créatrice, contenue et exprimée dans une « forme-support » : une statue. De l'autre, en ces temps modernes, une génération entreprend de construire des ensembles industriels complexes pour extraire jour après jour, à l'abri d'enceintes de confinement successives, l'énergie accumulée depuis les origines de la création dans une matière minérale concrète : l'uranium. Bien évidemment, ce parallélisme, construit *a posteriori* autant sur l'opposition que sur la similitude, n'a joué aucun rôle dans la détermination d'Électricité de France d'apporter sa contribution technologique à la « reconstitution » de ce haut lieu de la culture universelle.

Cet ouvrage collectif est le témoignage de la collaboration exemplaire qui s'est instaurée sur le terrain entre deux équipes de recherche de disciplines très différentes. A aucun moment, nous n'avons caressé l'espoir de rendre Karnak à la vie, à notre vie d'hommes modernes ; le temple, en effet, a cessé de vivre depuis que le dernier prêtre d'Amon l'a quitté. Mais en reconstituant peu à peu, à partir des indices et des témoins laissés par l'Histoire, les volumes architecturaux successifs du temple, en retrouvant sur les stèles et dans les papyrus les prières et l'ordonnancement des rituels sacrés, la recherche redonne à « Karnak-Osiris » une nouvelle vie, une autre existence. Quittant les rives du Nil, c'est désormais dans le patrimoine culturel de l'humanité que la lumière de Karnak est appelée à rayonner, intimement cachée mais présente pour tous ceux qui feront l'effort de la découvrir.

Hymne à Amon[1]

Il est celui qui a révélé l'existence, la Première Fois,
Il est Amon, venu à l'existence au commencement
Et nul n'a pu savoir quand il était apparu !

Il n'y eut pas de dieu qui fût venu à l'existence avant lui
Et nul être divin n'était à ses côtés, dont le verbe eût exprimé sa nature.

Il n'y eut pas de mère qui lui donnât un nom,
Il n'y eut pas de père pour dire : « C'est moi "son géniteur" »,
Car il est l'Infini de puissance, mystérieux d'origine en sa splendeur !

Il est le Divin venu à l'existence de lui-même
Et tout ce qui est divin est issu de lui qui est le Commencement.

Mystérieux d'existence, Lumière manifestée,
Il est Rê lui-même, Soleil issu de sa Substance même.
Il est Terre émergée, Tatenen, le tertre qui se soulève,
Il est l'Inconnaissable, Amon, qui guide l'Humanité.

Il est le Seigneur de l'Univers, l'origine de ce qui exista,
Car l'Unique est Amon que l'on ne peut connaître !

Il est le Lointain, plus lointain que l'Infini du Ciel,
Il est la Profondeur, plus profond que l'univers d'en bas.

Nul esprit ne connaît ce qu'est sa vraie nature,
Son image réelle n'est pas tracée dans les écrits
Et, sur lui, nul véridique témoin ne peut se présenter.
Infiniment mystérieuse, sa prestigieuse Majesté n'a pu être découverte.

Personne ne l'interroge, personne ne le connaît !
Il est trop grand et trop puissant, et la mort de terreur
Frapperait quiconque viendrait à prononcer son nom mystérieux,
Car il est l'Un, celui qui demeure Unique.

Notes

1. D'après le papyrus, I.350 du Musée de Leyde (époque ramesside, environ 1250 avant notre ère), J. Zandee, *De hymnen aan Amon van papyrus Leiden I-350*, Leyde, 1948 : traduction adaptée de A. Barucq — F. Daumas, *Hymnes et prières de l'Égypte ancienne*, LAPO 10, éd. du Cerf, 1980, 206 Aq. (72).

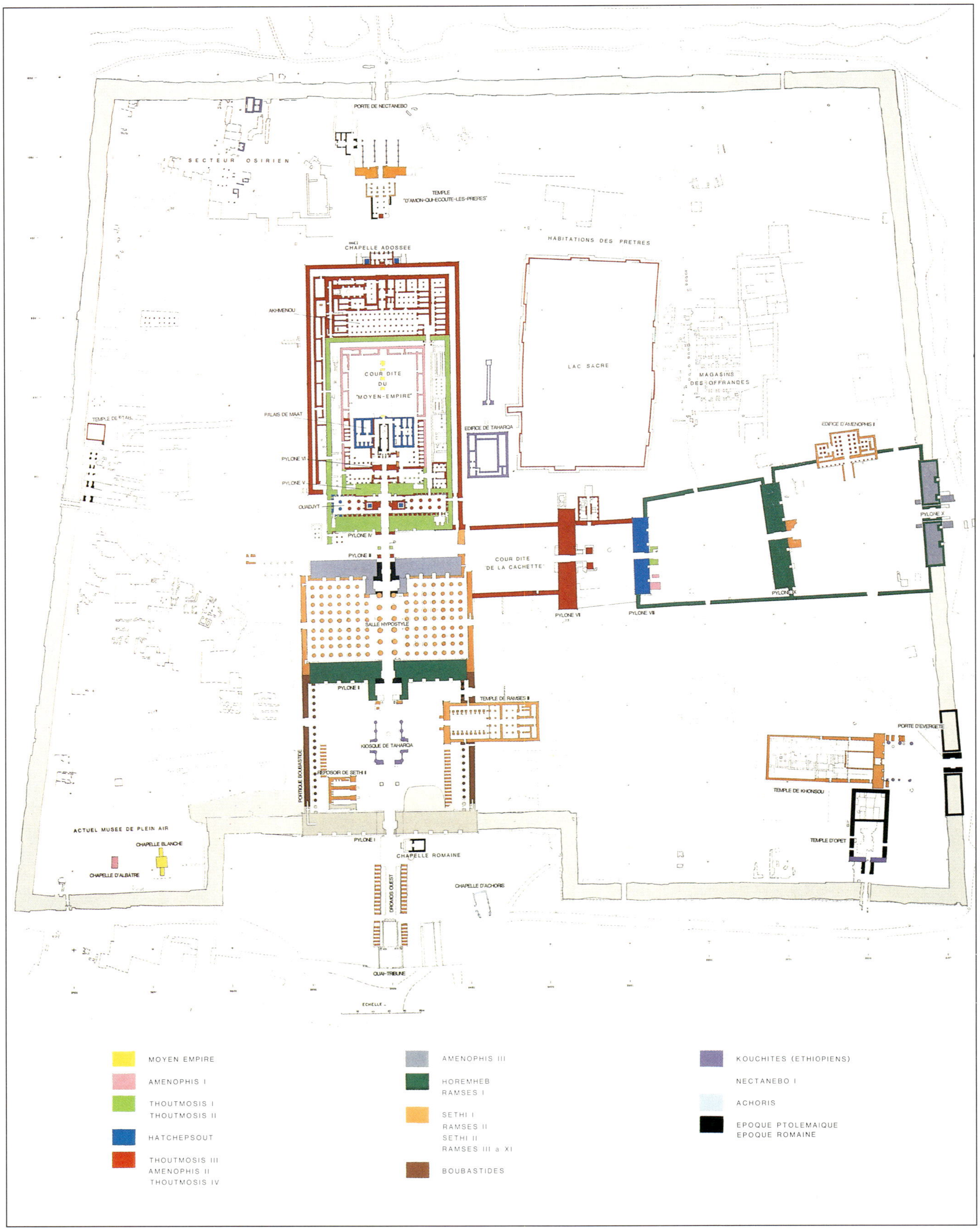
PORTE DE NECTANEBO
SECTEUR OSIRIEN
TEMPLE "D'AMON-QUI-ECOUTE-LES-PRIERES"
CHAPELLE ADOSSEE
HABITATIONS DES PRETRES
AKHMENOU
COUR DITE DU "MOYEN-EMPIRE"
LAC SACRE
MAGASINS DES OFFRANDES
PALAIS DE MAAT
EDIFICE DE TAHARQA
EDIFICE D'AMENOPHIS II
PYLONE VI
PYLONE V
OUADJYT
PYLONE IV
PYLONE X
PYLONE III
COUR DITE DE LA CACHETTE
PYLONE IX
PYLONE VII
PYLONE VIII
SALLE HYPOSTYLE
PYLONE II
TEMPLE DE RAMSES III
PORTE D'EVERGETE
KIOSQUE DE TAHARQA
REPOSOIR DE SETHI II
PORTIQUE BOUBASTIDE
TEMPLE DE KHONSOU
ACTUEL MUSEE DE PLEIN AIR
CHAPELLE BLANCHE
CHAPELLE D'ALBATRE
PYLONE I
CHAPELLE ROMAINE
TEMPLE D'OPET
CHAPELLE D'ACHORIS
DROMOS OUEST
QUAI-TRIBUNE
ECHELLE
MOYEN EMPIRE
AMENOPHIS I
THOUTMOSIS I
THOUTMOSIS II
HATCHEPSOUT
THOUTMOSIS III
AMENOPHIS II
THOUTMOSIS IV
AMENOPHIS III
HOREMHEB
RAMSES I
SETHI I
RAMSES II
SETHI II
RAMSES III à XI
BOUBASTIDES
KOUCHITES (ETHIOPIENS)
NECTANEBO I
ACHORIS
EPOQUE PTOLEMAIQUE
EPOQUE ROMAINE

LES SOUVERAINS D'EGYPTE ET KARNAK

Limites chronologiques et durées de règnes

Proto-Dynastique	Dynasties 1 et 2	2950 à 2640 av. J.-C.
Ancien Empire	Dynasties 3 à 6	2640 à 2155 av. J.-C.
Première Période Intermédiaire	Dynasties 7 à 10	2155 à 2040 av. J.-C.
Moyen Empire et Origines de Karnak	Dynastie 11	2134 (1) à 1991 av. J.-C.
	Dynastie 12	1991-1785 av. J.-C.
	Amenemhat 1*	
	Sésostris 1	
	Amenemhat II	
	Sésostris II	
	Sésostris III*	
	Amenemhat III	
	Amenemhat IV	
	Neferousobek (reine)	
Seconde Période Intermédiaire	Dynasties 13 et 14	1785-1650 av. J.-C.
	Dynasties 15 et 16 (Hyksôs)	1650-1540 av. J.-C.
Renaissance thébaine	Dynastie 17	1650-1551 av. J.-C.
Apogée du Nouvel Empire	Dynastie 18	1551-1306 av. J.-C.
	Ahmosis	
	Aménophis II*	1526-1505 av. J.-C.
	Thoutmosis I*	1505-1493 av. J.-C.
	Thoutmosis II*	1493-1490 av. J.-C.
	Hatshepsout (reine et régente)*	1490-1468 av. J.-C.
	Thoutmosis III*	1490-1436 av. J.-C.
	Aménophis II	
	Thoutmosis IV*	1412-1402 av. J.-C.
	Aménophis III*	1402-1364 av.J.-C.
	Aménophis IV/Akhenaton	1304-1347 av. J.-C.

(L'astérisque (*) après le nom royal marque l'attention spéciale portée au temple d'Amon-Rê par le souverain.)

	Semenekhkarê (?)	
	Toutankhamon	1347-1338 av. J.-C.
	Ay	1337-1333 av. J.-C.
	Horemheb*	1333-1306 av. J.-C.
Les Ramessides	Dynastie 19	
	Ramsès I	1304-1290 av. J.-C.
	Séthi I*	1290-1224 av. J.-C.
	Ramsès II*	1290-1224 av. J.-C.
	Merenptah*	1224-1204 av. J.-C.
	Séthi II*	1204-1194 av. J.-C.
	Amenmes	
	Siptah	1194-1186 av. J.-C.
	Taouseret (reine)	1194-1186 av. J.-C.
	Dynastie 20	1186-1184 av. J.-C.
	Sethnakht	1186-1184 av. J.-C.
	Ramsès III*	1184-1153 av. J.-C.
	Ramsès IV*	1153-1146 av. J.-C.
	Ramsès V à XI	1146-1070 av. J.-C.
L'État d'Amon et les « Rois-Prêtres » Hérihor*	Dynastie 21	1070 av. J.-C.
	Smendès	1070-1044 av. J.-C.
	Psousennés I*	1044-990 av. J.-C.
	Amenemope	
	Siamon	990-945 av. J.-C.
	Psousennés II	
	Dynastie 22 (Bubastides)	
	Sheshonq I*	945-924 av. J.-C.
	Osorkon I*	924-887 av. J.-C.
	Osorkon II*	
	Takelot II	
	Sheshonq III	[887]-722 av. J.-C.
	Pimaï	
	Sheshonq V	
Monarchies du nord partiellement coupées de l'état d'Amon	Dynastie 23	808 à 715 av. J.-C.
	Pétoubastis*	
	Osorkon III*	
	Takelot III	
	Roudjamon	

	Dynastie 24	725-712 av. J.-C.
	Tefnakht Bocchoris	
La Royauté « Éthiopienne »	Dynastie 25	
	Piankhi	740-713 av. J.-C.
	Shabaka*	712-698 av. J.-C.
	Shabataka	698-690 av. J.-C.
	Taharqa*	690-664 av. J.-C.
	Tanoutamon	664-656 av. J.-C.
La Renaissance nationale et les rois « Saïtes »	Dynastie 26	664-525 av. J.-C.
L'Occupation perse (1)	[Dynastie 27]	525-404 av. J.-C.
Retour à l'indépendance Amyrtée	Dynastie 28	404-399 av. J.-C.
	Dynastie 29	399-380 av. J.-C.
	Achôris*	393-380 av. J.-C.
	Dynastie 30	
	Nectanébo I*	380-362 av. J.-C.
	Téos	362-360 av. J.-C.
	Nectanébo II	360-343 av. J.-C.
Fin des dynasties pharaoniques l'Occupation perse (2)		343-332 av. J.-C.
Ère macédonienne		332-305 av. J.-C.
Période Ptolémaïque (les souverains Lagides)		305-30 av. J.-C.
L'Égypte, province romaine, et les empereurs païens		30 av. J.-C. à 330
L'Égypte christianisée		330 à 642

1. Le décalage des dates résulte de monarchies non unifiées et parallèles, scindant le sud et le nord de l'Egypte ; la réunification se situe vers 2061 av. J.-C. au sud avec Montouhotep I.

2. Cette liste et les datations proposées sont inspirées de E. Hornung et E. Staehelin, *Ägyptische Denkmäler in der Schweiz*, Bd 1, Mainz, 1976, pp. 422-428.

CHAPITRE 1

La longue marche des travaux préliminaires

C'est aux membres de l'expédition de Bonaparte en Égypte que revient le mérite d'avoir dessiné les premières restitutions architecturales de Karnak, à partir de nombreuses notes et des relevés qu'ils avaient rassemblés sur le terrain en 1799. N'est-il pas étonnant que ces travaux remarquables mais déjà relativement anciens soient restés jusqu'à ces dernières années la seule tentative de représentation complète de l'aspect originel du site ? Les planches concernant le grand temple d'Amon-Rê, publiées dans la célèbre *Description de l'Égypte*[1] sont dues, pour l'essentiel à l'architecte Le Père[2], les autres jeunes savants et artistes de la Commission ayant surtout dessiné des vues d'ambiance, des bas-reliefs ou effectué la restitution de monuments différents[3].

Le temple d'Amon-Rê, relevé en plan, coupe et élévation avec indication de multiples cotes, étudié pour la première fois de façon précise, fut évoqué, en outre, avec réalisme par de très belles vues perspectives. Les planches exécutées alors purent apporter en Europe la première interprétation saisissante de cette magnifique demeure divine, en laquelle on ne voyait alors que les vestiges d'un gigantesque palais royal. Les restitutions proposées, toutefois, évoquaient le sanctuaire tel qu'il se présentait à la fin de son évolution, seule période dont on ait pu, alors, avoir une idée assez nette. En effet, si les membres de l'expédition d'Égypte comprirent très vite que les édifices de Karnak étaient souvent construits avec des blocs de remploi[4], ils n'eurent ni le temps, ni les moyens d'étudier leurs métamorphoses successives. Nous ne pouvons citer que bien peu de travaux réalisés en ce sens par la suite et aucun qui ait concerné l'ensemble du lieu saint, si ce n'est la magistrale synthèse historique établie par Paul Barguet[5].

Ce n'est que très récemment qu'un nouveau travail approfondi a pu être entrepris par le Centre franco-égyptien de Karnak, après l'achèvement de travaux préliminaires qui demandèrent à toute une équipe plusieurs années d'efforts, car il est certain que les documents essentiels, préalables à toute approche satisfaisante des recherches envisagées, faisaient défaut. Malgré tous leurs mérites, les relevés exécutés en 1799, et tous ceux qui avaient suivi, ne pouvaient être considérés comme exacts. Il fallait donc, dans un premier temps, satisfaire aux exigences de la recherche scientifique moderne dans ce domaine en procédant au levé d'un plan d'ensemble du temple, exécuté avec des ins-

◁◁
Là où le temps et les hommes n'ont laissé que le romantisme des ruines et le regret des splendeurs passées, un espoir tenace survit chez ceux qui consacrent leur vie à connaître et à remembrer ce grand corps déchiqueté.

▷
1799 : le groupe des savants qui suit l'armée d'Egypte recense, inventorie, explore et surtout dessine. Et Karnak, gigantesque « palais », fournit la matière de relevés d'architecture inédits que la « Description de l'Egypte » aura le privilège de faire connaître au monde.
(DE Antiquités vol. III, pl. 41).

▽
Sur un terrain difficile, encombré de débris divers, de sable, d'arbres et de cahutes, d'où émergent à peine les lignes directrices des édifices antiques, le géomètre et l'architecte (ici Jean-Baptiste Le Père) rivalisent de finesse et d'exactitude pour recréer la coupe de la grande Cour des Fêtes — dite « des Bubastides » — du temple d'Amon-Rê.
(DE Antiquités, vol. III, pl. 23).

truments topographiques précis et dans les meilleures conditions de réalisation possibles. N'ayant pu être commencé qu'en 1979, ce travail entraîna le rangement de nombreux blocs qui permit d'améliorer leur conservation et leur présentation[6] et d'ouvrir les dégagements nécessaires pour accéder à toutes les parties du temple.
Le grand plan topographique des édifices de culte d'Amon-Rê, achevé en 1984, et dessiné à l'échelle du 1/200e, fournit enfin le document fiable attendu pour tenter d'effectuer une restitution moderne, digne de ce nom[7]. Il donna, en effet, d'un seul coup le contour exact des murs et tous les niveaux de sol significatifs et, immédiatement, il s'avéra d'une grande efficacité pour la mise en place des dessins préparatoires au relevé des hauteurs des monuments à étudier. Le travail de restitution des volumes pouvait alors commencer.

Toutefois, ceci imposait d'effectuer, dès le départ, une sélection rigoureuse des sujets, car l'ampleur et la complexité du site comportaient un risque majeur : celui de nous perdre dans le détail. Confrontés à une matière immensément riche et soucieux d'aboutir à un résultat tangible dans des délais raisonnables, nous dûmes, tout en constituant notre équipe[8], bien définir la portée et les limites de l'entreprise et établir, simultanément, un bilan des documents disponibles. Ce dernier, à vrai dire, fut rapide car un tout petit nombre de relevés détaillés put être recensé dans les archives[9]. Aucun essai récent de restitution de monuments n'avait été accompli, mises à part quelques vues perspectives concernant les abords du Ier pylône, le kiosque de Taharqa ou la chapelle d'Achôris[10]. L'objectif à atteindre n'étant pas de consacrer une monographie à chacun des édifices constitutifs du temple, une approche globale s'imposait. Il aurait été illusoire d'entretenir l'espoir d'aboutir, à court terme, à une restitution d'un aussi grand ensemble monumental et l'effort demandé eut, en outre, dépassé les moyens disponibles. Il fut décidé, par conséquent, de prendre appui, le plus possible, sur le plan topographique nouvellement achevé pour dessiner des vues simplifiées mais représentant, avec toute la précision voulue, la forme réelle des volumes construits. Faute de temps, nous avons choisi de ne pas indiquer le détail de l'appareil des murs ou de la limite de conservation des édifices. En revanche, l'attention put être exclusivement concentrée sur la définition

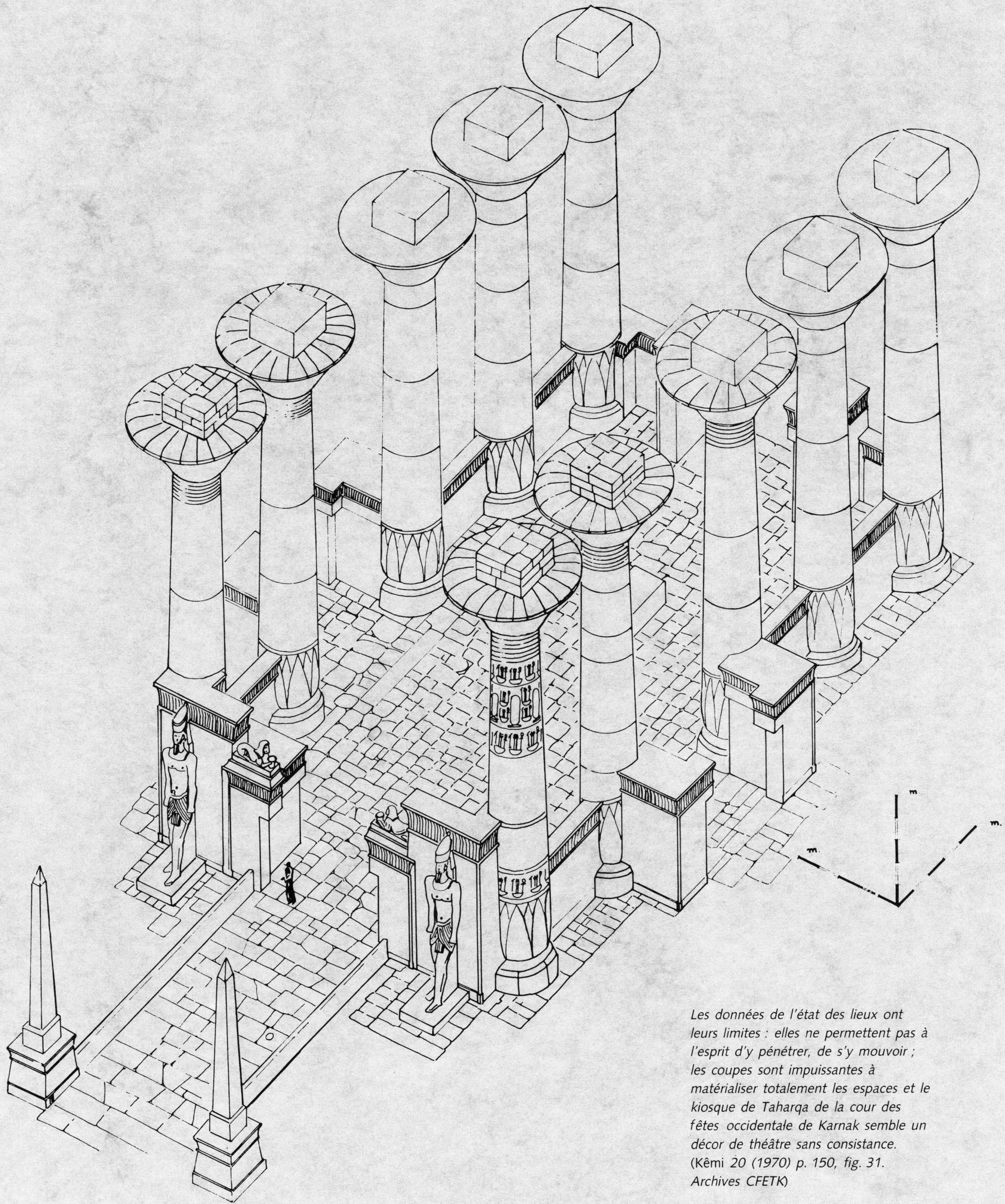

Les données de l'état des lieux ont leurs limites : elles ne permettent pas à l'esprit d'y pénétrer, de s'y mouvoir ; les coupes sont impuissantes à matérialiser totalement les espaces et le kiosque de Taharqa de la cour des fêtes occidentale de Karnak semble un décor de théâtre sans consistance. (Kêmi *20 (1970) p. 150, fig. 31. Archives CFETK*)

△ ▷
Si les instruments se sont perfectionnés et si les zones archéologiques sont de nos jours plus accessibles, les techniques et les hommes qui assument les tâches du relevé topographique et architectural ne sont guère différents de ce qu'ils étaient aux siècles de la redécouverte. Mesures, visées, alignements, reports des minutes et dessin donnent un état des lieux, toujours plus précis et plus sûr.

▷▷
Bordée de ses sphinx à têtes de bélier, l'allée sacrée d'Amon guide les pas du visiteur vers la gigantesque allée du Ier pylône. Dans les vues cavalières, qu'on a pu naguère établir après des fouilles et des relevés longs et méticuleux, cette allée perd de sa majesté : les criosphinx, trop délicats à rendre par le dessin, sont absents de leurs socles et l'image manque de vie.
(Kêmi *21 (1971) p. 83, fig. 3 bis*).

des hauteurs remarquables relatives aux portes, aux pylônes, aux toitures, aux colonnes, etc. Dans le même temps, les données fournies par l'étude de textes ou de blocs épars étaient soigneusement prises en compte. Quelques inscriptions hiéroglyphiques historiques conservées évoquent, en effet, la hauteur d'origine de colonnes ou piliers aujourd'hui détruits et dont les éléments tombés jadis au sol ont parfois disparu. Les textes de construction contiennent ainsi des indications plus précises, pour la restitution des hauteurs des supports, que celles qu'aurait pu fournir une simple comparaison avec des éléments similaires, mieux conservés, certes, mais non en place. En effet, l'architecture pharaonique, contrairement à celle de la Grèce ou de Rome n'autorise pratiquement aucune restitution hypothétique relativement précise. On ne peut se fonder, dans la Vallée du Nil, sur la connaissance d'ordres tels que le dorique, le ionique ou le corinthien[11]. En Égypte, aucun élément assuré ne permet donc d'esquisser de façon satisfaisante le profil de colonnes papyriformes ou lotiformes, sauf si certaines parties hautes de l'édifice concerné sont assez conservées pour indiquer encore l'emplacement originel des architraves ou des dalles de couverture, seul critère véridique pour déterminer avec précision la hauteur maximale atteinte, aux temps anciens, par ces colonnes. Si la démarche ne doit pas céder au trop grand attrait du détail, elle doit, en revanche, faire le plus grand cas des limites absolues des murs en place et de toutes les traces, même les plus infimes, d'arrachement ou d'encastrement, susceptibles de révéler les caractéristiques de certains espaces presque totalement détruits. Il faut tenir compte encore des contraintes techniques qui se sont imposées. Ainsi, pour rendre possible la couverture en pierre de vastes espaces, les matériaux devaient résister à d'énormes contraintes. Qui veut restituer les structures doit, de ce fait, exercer une grande vigilance pour rétablir exactement les points d'appuis (colonnes, piliers, pilastres, murs latéraux) qui peuvent ne plus exister ou, parfois, ne subsister qu'à l'état de « traces » souvent indiscernables lors d'un examen trop rapide[12].
Ce souci de prudence et ces impératifs rendent la progression lente et difficile. En revanche, l'égyptologue dispose d'un atout considérable : l'extraordinaire source d'informations que constituent les blocs épars où il puise souvent de précieuses données documentaires. En effet, dès les origines, la caractéristique des temples pharaoniques fut de posséder des parois décorées de bas-reliefs et munies d'inscriptions sur toute leur surface[13]. Les éléments de ces parois, dispersés au cours des âges, dès lors qu'on les retrouve et qu'on les rassemble, deviennent à proprement parler d'immenses jeux de « puzzle ». L'épigra-

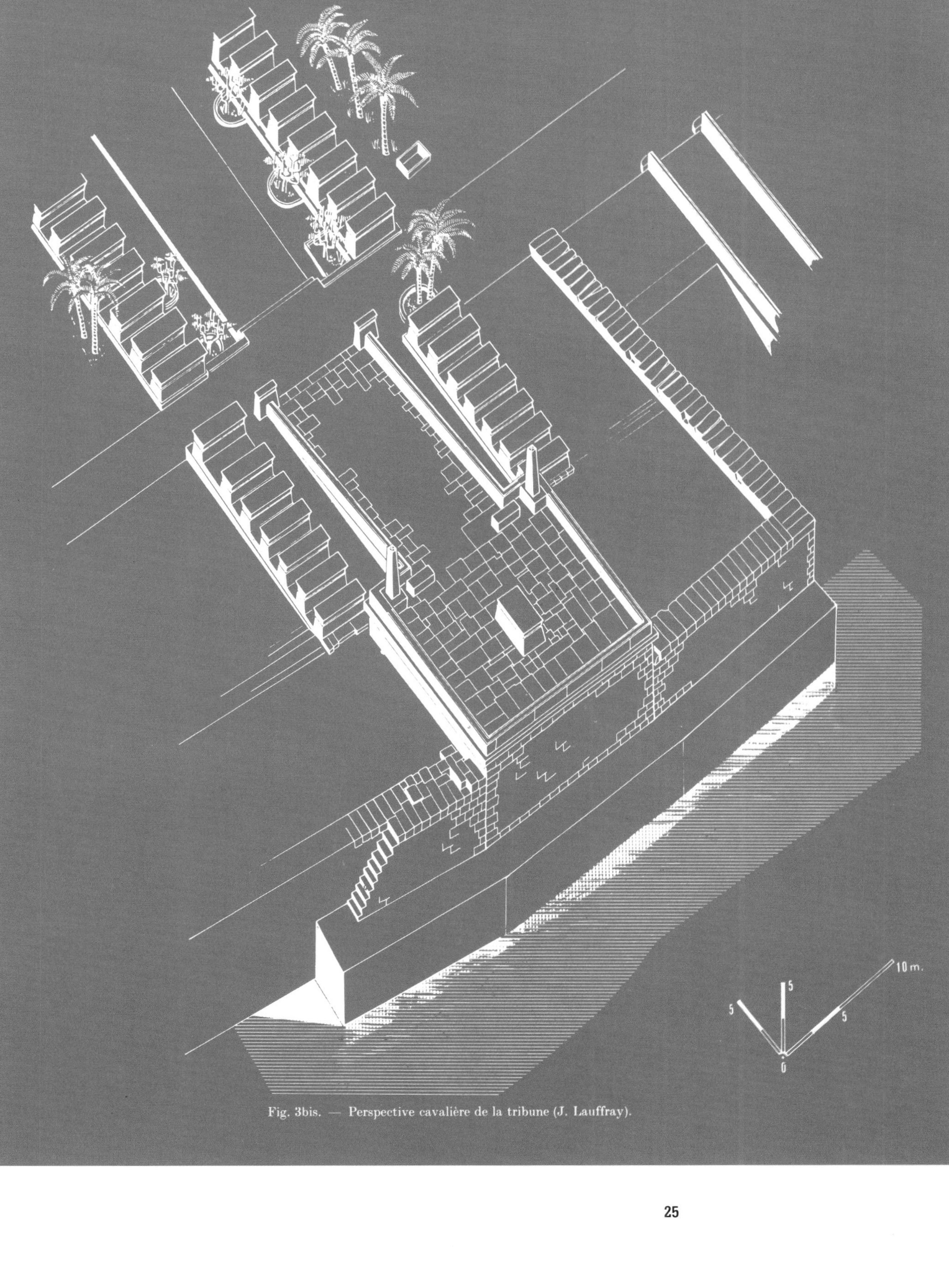

Fig. 3bis. — Perspective cavalière de la tribune (J. Lauffray).

phiste qui aborde une telle reconstitution doit s'armer de courage, car il faut tout dessiner à l'échelle, puis réduire avant d'assembler. Mais quel moyen original et fructueux de faire renaître tout ou partie d'un édifice perdu ! Les raccords retrouvés de deux éléments disjoints se font avec une précision étonnante ; quelle satisfaction est la sienne quand, peu à peu, apparaît sous ses mains puis à ses yeux une restitution, visible et tangible, de ce qui fut une salle, une chapelle ou un kiosque. Mais la patience est le prix du succès.

Cette recherche d'assemblages par l'épigraphie est le plus rigoureux des guides pour aboutir à la reconstitution de certaines parties démantelées des monuments pharaoniques, après avoir étudié soigneusement les raccords possibles avec les vestiges demeurés en place. Parfois même, la possibilité est offerte de tirer, d'un amas de blocs épars, la restitution sur le papier d'un édifice détruit de fond en comble dès l'Antiquité. Plus rare demeure l'aboutissement du rêve du chercheur: reconstruire ce qu'il a dessiné avec les pierres mêmes qu'il a reconnues. De magnifiques exemples existent cependant à Karnak et la chapelle blanche de Sésostris I n'est pas le moindre.

Ainsi, aux données fournies par l'anastylose[14], s'ajoutent, en Égypte, celles que l'on peut retirer de façon très précise du travail de l'épigraphiste. Ce travail nécessite, on l'a dit, le dessin initial de chaque bloc ou fragment décoré[15]. Après le relevé vient l'analyse, longue et rigoureuse. Depuis 1982, à Karnak, de très grandes séries, identifiées comme correspondant chacune à un règne, ont été traitées de la sorte. La méthode peut ici être décrite brièvement. Mise au point au Centre franco-égyptien de Karnak, elle consiste à décalquer très fidèlement sur un support plastique transparent la totalité du décor ou du texte de chaque bloc. Ces dessins collationnés et rectifiés sont ensuite réduits photographiquement au laboratoire de la Mission. Le tirage de chacun des dessins est effectué au 1/10e et donne au chercheur un document précis et maniable. Détourée, la photographie peut être déplacée à volonté sur le canevas pour la recherche des raccords. De façon simple et relativement rapide, on obtient alors un montage où les connexions entre blocs sont retrouvées visuellement en utilisant la continuité des lignes et l'enchaînement logique des textes.

L'emploi systématique des techniques ainsi mises au point, vérifiées et éprouvées permit assez vite de disposer d'un nombre appréciable d'assemblages partiels. Progressivement, certains purent être reliés à des ensembles plus vastes que l'on pouvait reconstituer à partir des caractéristiques connues des vestiges encore reconnaissables sur le site. Dans d'autres cas, d'intéressants résultats furent acquis en opérant les rapprochements nécessaires avec les données

▷
Les blocs « épars » que recèlent les magasins lapidaires témoignent de la longue histoire de Karnak. Les plus anciens se trouvent dans les réserves du nord près du musée de plein Air. Débris des racines du temple des origines, sauvés par miracle de l'enfouissement, ils sont aujourd'hui reconnus et rassemblés grâce au travail d'épigraphie.

▷▷
Lors de la construction sous Aménophis III des môles du IIIe pylône, les blocs inscrits, gravés dans le calcaire fin de Toura, provenant des parois de la « cour des fêtes » occidentale de Thoutmosis II, furent démantelés. Enfouis dans les bourrages internes du massif du nouvel édifice, ils en furent extraits au début du XXe siècle. Ce n'est qu'après leur dessin sur films translucides que ces débris informes livrèrent, à partir de 1982, le secret de leur nature. Et l'on vit apparaître dans l'assemblage hauts de portes et parois légendées, couronnements et corniches, textes de dédicace dont l'existence n'avait été que soupçonnée. (Relevé, dessin et assemblage de L. Gabolde).

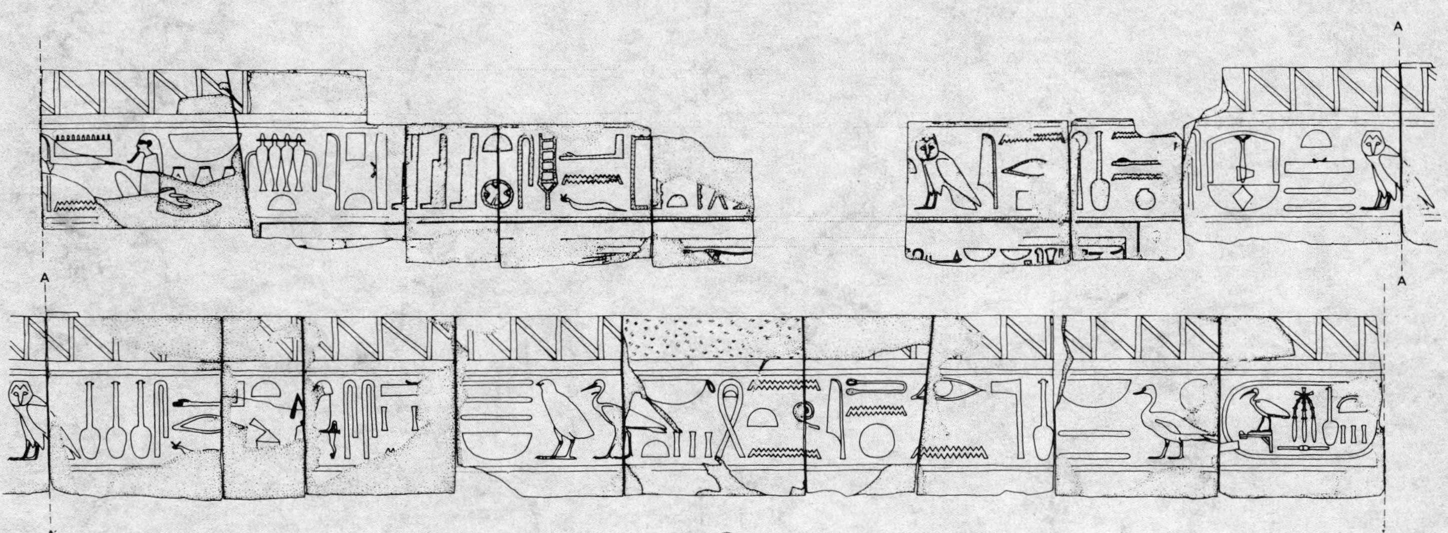

①

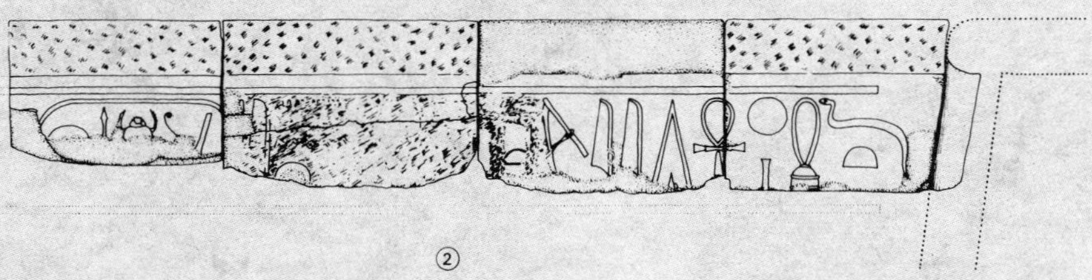

②

③

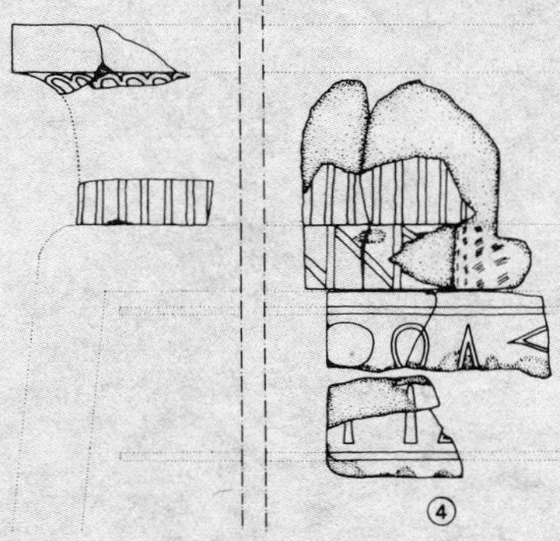

④

⑤

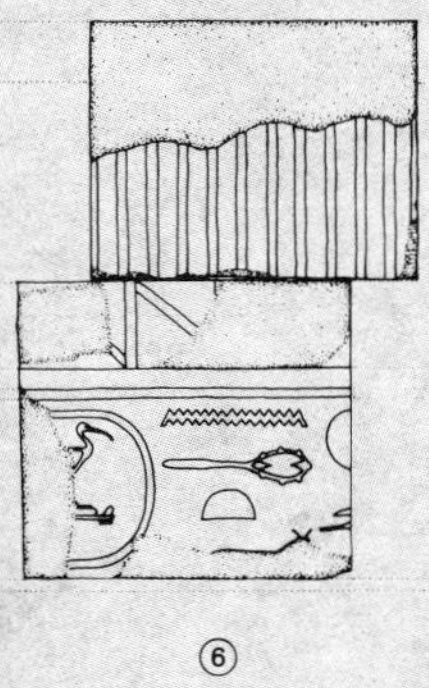

⑥

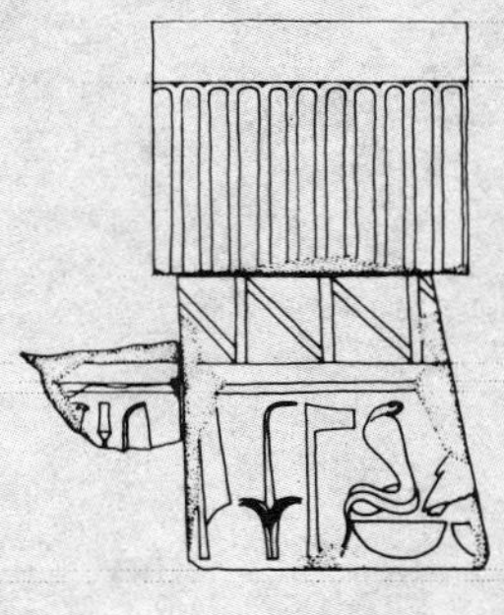

⑦

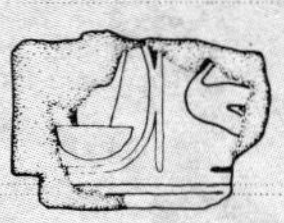

⑧

⑨

⑩

⑪

⑫

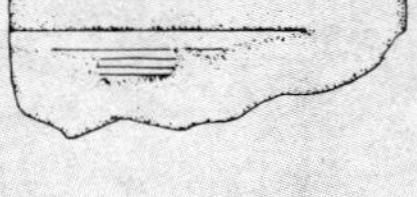

⑬

▷
Une des portes latérales de la « cour des fêtes » de Thoutmosis II, assemblée après réduction des dessins d'épigraphie ; exécutés directement sur la paroi, les calques sur films transparents sont rectifiés, encrés puis photographiés. Toute déformation est ainsi exclue et les proportions sont respectées.
(Relevé, dessin et restitution L. Gabolde).

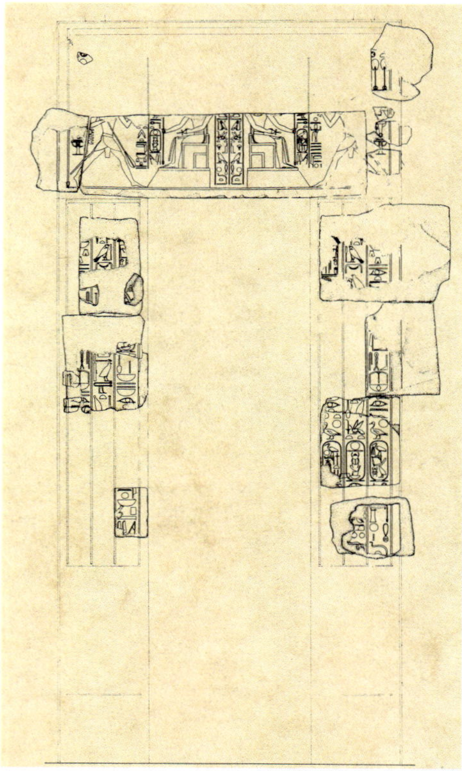

▽
Proposition de restitution de la « cour des fêtes » de Thoutmosis II et de l'aspect du temple d'Amon-Rê au début de la XVIIIe dynastie.
(Etude, dessin et restitution L. Gabolde).

recueillies lors de recherches antérieures et dont la littérature égyptologique conservait la mémoire[16].

La synthèse de toutes les données recensées s'avéra rapidement suffisante pour permettre de dessiner une série initiale de coupes et d'élévations montrant les phrases capitales de l'évolution historique du temple d'Amon. Exécutés à l'échelle au 1/100e[17], ces documents de base permirent d'aborder l'étude des volumes bâtis, selon une méthode que l'on peut qualifier de « classique ». Elle cherchait à donner une bonne idée générale de l'aspect des édifices antiques du site[18], en restant dans les limites de l'esquisse à la main de vues et perspectives axonométriques essentielles. A ce stade, il ne pouvait être question d'établir autre chose que des vues figées, statiques et, bien entendu, isolées. Dès lors que l'on souhaitait obtenir d'autres images, des changements d'angle de vision, des vues partielles « éclatées » ou, encore, celles qui pouvaient exprimer mieux la complexité interne de certains secteurs du sanctuaire, il devenait indispensable de dessiner à nouveau, planche à planche, la totalité de ce qui devait être rendu.

Les contraintes et les limites d'une telle méthode apparurent d'emblée : de tels moyens d'expression, outre le temps qu'il fallait pour leur donner corps, ne suffiraient jamais pour traduire, avec toute la variété et la souplesse voulues, la réalité des volumes construits en même temps que leur évolution complexe. Il fallait pourtant donner, à tout prix, une solution à ce problème majeur pour respecter le projet initial : restituer, pour chaque période historique connue, l'aspect spécifique d'une architecture qui, par définition, est essentiellement un « jeu de volumes ». Pour que cette architecture soit correctement perçue, comme dans le réel, il faut la découvrir visuellement de manière *dynamique* et *en trois dimensions*. Dès lors, pour parvenir à multiplier, à volonté, les angles de vue nécessaires à la juste appréciation du « jeu des volumes », il était impératif d'avoir recours à d'autres représentations que celles mises en œuvre dans les essais initiaux ; une des mieux connues, la maquette de restitution, fut alors mise en œuvre.

Plus de deux ans furent nécessaires pour l'exécution d'un « modèle » en bois du temple d'Amon-Rê[19]. Construit à l'échelle du 1/100e, il restitue l'aspect des édifices bâtis sur les deux grands axes du sanctuaire. Les volumes restitués durent être choisis ; il sembla alors judicieux de représenter la plus importante des phases ultimes d'achèvement des chantiers pharaoniques à Karnak, celle qui correspond au règne de Nectanébo I. En effet, bien peu de modifications furent apportées au temple par la suite et celui-ci avait alors atteint sa plus grande extension.

Privilégier cette période permettait de donner une vue d'ensemble, complète et spectaculaire, du complexe monumental d'Amon, tel qu'il se présentait à la fin de l'époque pharaonique. L'opportunité d'un tel choix s'imposait d'autant plus qu'il offrait la possibilité d'illustrer, en même temps, un grand chantier antique en activité : celui de la construction des môles du Ier pylône. Car, fait unique jusqu'ici dans l'histoire de l'architecture égyptienne antique, ce pylône en cours d'édification est le seul qui ait conservé les restes substantiels de ses échafaudages massifs, faits de briques de terre crue amoncelées. Mieux que tout autre, un tel exemple montrait du même coup le rôle fondamental des rampes aboutissant à ces échafaudages et qui servaient à acheminer les blocs d'appareil jusqu'à leur lit de pose[20]. La maquette, ainsi complétée, devint plus riche, plus parlante, même pour le non-initié, par la présence de quelques petits personnages donnant du même coup l'échelle de la construction.
Les dimensions mêmes du modèle — près de six mètres de longueur sur chacun des axes — créaient un effet d'ensemble assez puissant pour que le spectateur soit frappé par la monumentalité du temple. Le visiteur de Karnak, sur le site, n'a, en effet, aucun moyen pour apprécier globalement les espaces et les volumes. Avec la maquette, il est à même de contourner un objet réel, de se baisser pour regarder les monuments « au niveau du sol ». S'il le souhaite, il peut aussi chercher à les voir « en surplomb », les parcourir activement de l'œil à la découverte de leurs espaces, laissant à son imagination le loisir de se représenter les cérémonies et les rites qui s'y déroulaient. C'est là ce qui fait, pour une bonne part, l'intérêt et le charme des « modèles réduits ». Une telle maquette du temple d'Amon-Rê à Karnak, qui restitue tous les édifices dont le site garde les vestiges, rendue accessible à tous ceux qui viennent en visite — plus d'un million et demi par an — est aujourd'hui un moyen d'information immédiate parmi les plus efficaces. Bien mieux qu'un plan et qu'un guide, la maquette devient le support indispensable de l'imagination et l'unique introduction à la compréhension rapide des principaux volumes du sanctuaire d'Amon à la fin de l'époque pharaonique.
Pourtant, tout moyen d'expression architecturale a ses limites. Aussi belle, intéressante et exacte soit-elle, cette maquette ne peut servir à rendre compte efficacement de la succession des édifices au cours des âges. *La maquette est un moment de l'histoire du temple, elle n'est pas son histoire.* Au cours de celle-ci, d'importants monuments ont existé, différents, à l'emplacement même qu'occupent encore les bâtiments que l'on voit à l'état de ruines sur le site. Il est, de ce fait, impossible de placer tous ces édifices successifs, en même temps, sur un unique support matériel. Aucun modèle construit n'est alors à même d'exprimer l'évolution extrêmement complexe de Karnak pendant plus de deux millé-

▽
C'est par la seule étude architecturale que la « chapelle blanche » de Sésostris I, vénérable et somptueux témoin du temple des origines, enfoui en presque totalité dans le IIIe pylône, avait retrouvé ses formes sinon sa place, grâce à la patience et l'habileté d'Henri Chevrier. Celui-ci ne redessina les scènes et les signes des textes hiéroglyphiques qu'après coup, quand il eut remonté les parois de l'édifice. Plus tard, quand il fut nécessaire de reprendre ces restaurations endommagées par le temps, les experts du Centre franco-égyptien d'étude des temples de Karnak relevèrent de nombreuses mais légères inexactitudes.

◁
La vérification du bien-fondé des assemblages par l'épigraphie et les épures d'architecture méritait d'être tentée en remontant sur un terrain d'exposition, à la taille de l'édifice, les éléments d'appareil conservés.
La façade du monument de Thoutmosis II qui s'élève au fond du Musée de plein air de Karnak en apporte la démonstration.

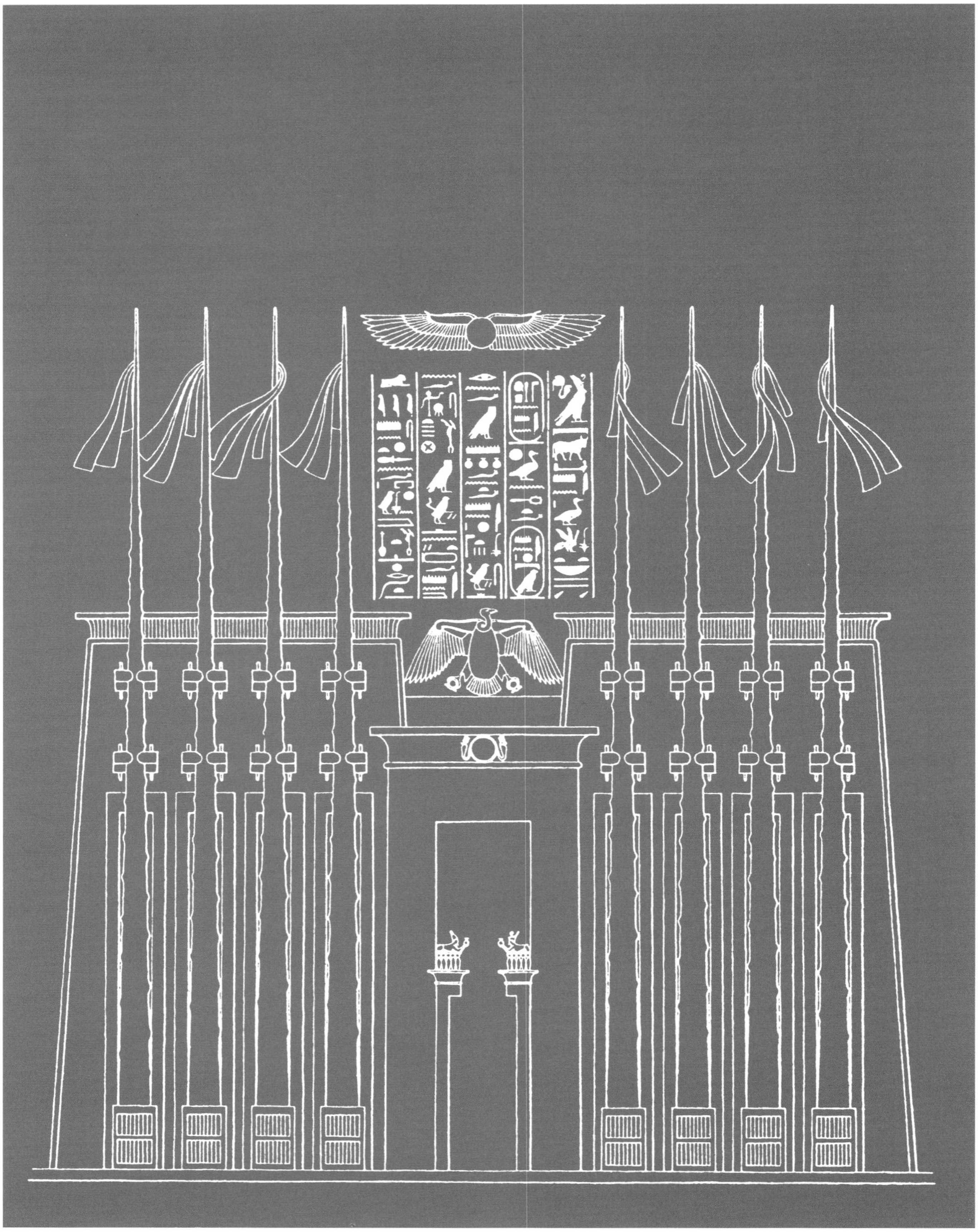

naires ; même des dizaines de reproductions successives — mais qui demeurent impossibles à superposer — ne permettraient pas de rendre intelligible l'incroyable succession de destructions, d'ajouts, de remaniements multiples qu'ont révélée les recherches les plus récentes. Et pourtant, toutes ces étapes ou presque sont maintenant connues, posant avec une acuité sans cesse grandissante le problème de leur représentation, unique moyen de les expliquer.

Le premier pas à franchir vers une solution demeurait l'étude, en équipe, étape par étape, des dessins de restitutions architecturales, suivant ainsi la voie tracée naguère par P. Lacau et H. Chevrier[21]. Mais cette méthode a ses faiblesses. Les planches dessinées, entre autres celles qui servirent à matérialiser les vues de trois quarts de la maquette, sont une documentation de base, essentielle certes, mais dont le degré de précision est variable d'un édifice à l'autre. La rareté des éléments connus pour les époques les plus anciennes entraîne, inévitablement, une marge d'incertitude plus grande que pour les périodes plus récentes de l'histoire de Karnak[22]. Dans ce cas, le moindre indice étant pris en compte, les vues hypothétiques proposées, à défaut d'être exactes en toute certitude, doivent se conformer aux impératifs de prudence qui les rendent vraisemblables. Là où l'impression demeure trop grande, la restitution devient, en quelque sorte, le « portrait-robot » du monument. L'expression pourra faire sourire, mais elle répond bien à la démarche des méthodes d'enquête. L'historien, face à l'énigme, doit adopter l'attitude d'un enquêteur de police scrupuleux, tirant parti, en l'absence de preuves formelles, de toutes les présomptions afin de parvenir à définir les grands traits des édifices mal connus. Le raisonnement, alors, tient compte des éléments disponibles : les dimensions, la forme de l'espace que le bâtiment disparu occupa un temps, l'orientation, les liaisons qui peuvent exister avec les vestiges conservés. Parfois, mais le fait est rare, l'enquête s'appuie sur des documents illustrés extérieurs au temple lui-même, comme certaines peintures murales préservées dans les chapelles de surface des tombes privées de Thèbes-ouest[23].

La somme de tout ce qui est disponible fournit la matière d'une première esquisse ; il faut alors chercher à intégrer dans le canevas général du temple, en respectant le critère de l'emplacement logique, les éléments d'architecture dont on dispose. Il faut impérativement aboutir à une ou plusieurs propositions défendables[24]. Rares, d'ailleurs, sont les circonstances où les restitutions établies n'ont pu atteindre le degré de précision nécessaire à leur crédibilité scientifique. Le plus souvent, les éléments d'information étaient en nombre suffisant pour que leur synthèse ne laisse que peu ou pas de place au doute. Si, parfois, la hauteur d'un pylône, par exemple, dut être évaluée par hypothèse en raison de la disparition totale des blocs qui constituaient sa par-

◁
Profitant de ces leçons, les épigraphistes de l'équipe s'attachèrent aux détails significatifs des raccords d'appareillage pour améliorer la fiabilité des assemblages.

◁◁
Malgré le souci qu'eurent les anciens Egyptiens de perpétuer par l'image l'efficacité de leur savoir et leur maîtrise de l'art de bâtir, il est rare qu'un de leurs reliefs pariétaux donne une image fidèle et adéquate d'un édifice. Limités dans leurs possibilités par leurs conventions du dessin « rabattu à plat », ils n'ont pu rendre convenablement que les façades d'une géométrie simple.
C'est ainsi qu'au temple de Khonsou, le Prêtre-Roi Hérihor, vers l'an mille avant J.-C., fit représenter la façade aux huit mâts à oriflammes du IIe pylône du temple d'Amon-Rê qu'il avait dû, aux termes de la légende hiéroglyphique adjointe : « rénover comme étant ce qui illumine à nouveau Thèbes »

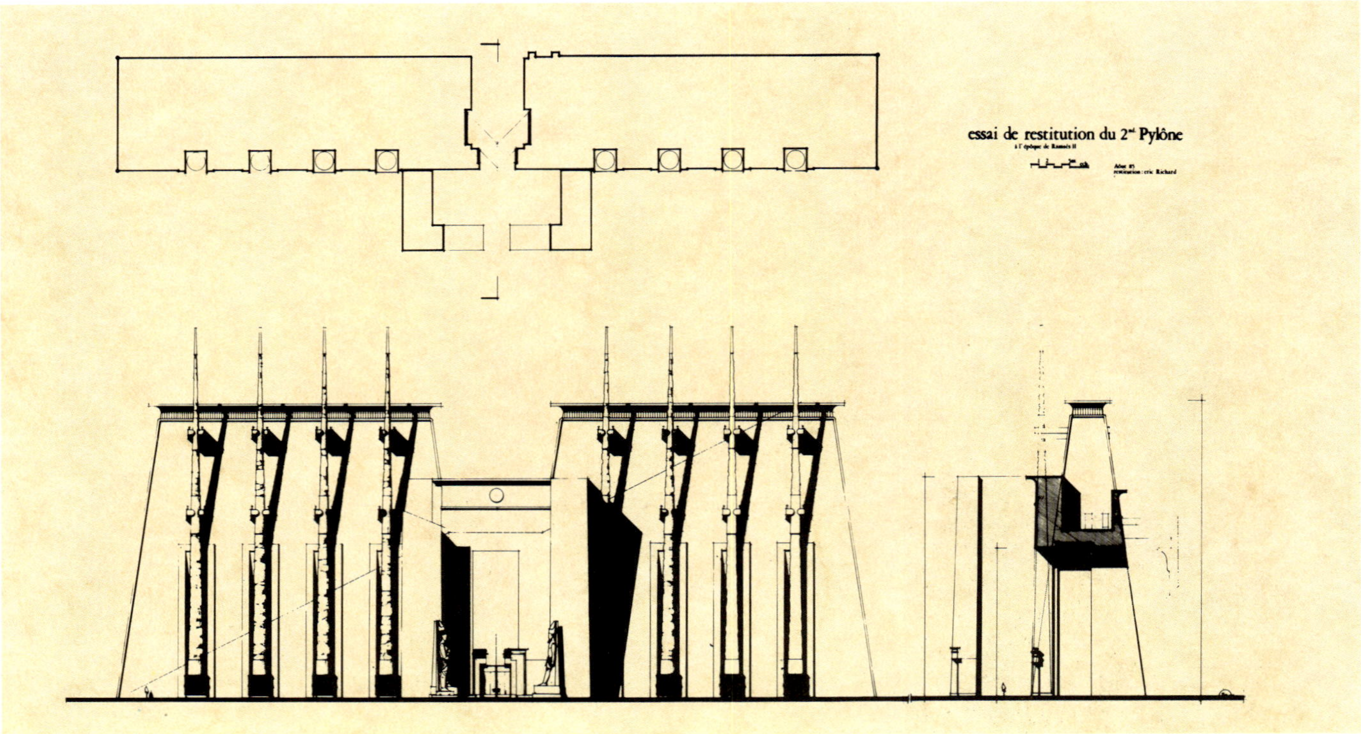

△
Construit hâtivement sous Horemheb à la fin de la XVIIIe dynastie, restauré, on l'a vu, par le Pontife Hérihor quelques centaines d'années plus tard, remanié sous les Ptolémées, l'amas de ruines du IIe pylône n'a pu être restitué qu'à la lumière de la représentation égyptienne antique gravée au temple de Khonsou. Comme elle, d'ailleurs, il ne donne qu'une vision à plat et ne peut permettre d'imaginer l'avant-porte. (Dessin E. Richard).

tie supérieure, la marge d'imprécision est toujours demeurée très faible et elle ne pouvait guère, par conséquent, modifier l'image qu'il était possible de donner des proportions générales de la construction.

Un tel travail, quelle que soit la marge d'imprécision due à l'absence de sources ou à l'existence d'hypothèses parallèles, est primordial. En outre, il est, jusqu'ici, unique dans l'histoire de l'archéologie. C'est la première fois que des archéologues s'efforcent de redonner une forme complète à l'histoire d'un tel site, de faire revivre, règne après règne, l'œuvre significative des souverains d'Égypte accomplie pour l'amour et la gloire de leur père Amon, à travers l'architecture sacrée. Jamais encore l'on n'avait pu suivre et comprendre avec tant de netteté la vie et la croissance, dans sa totalité, de cet ensemble monumental au fil des péripéties de ses deux mille ans d'existence.

Péripéties, c'est bien là le terme : des épisodes vivants qu'il faut relier entre eux sur un théâtre qui ne change pas pour celui qui le voit aujourd'hui. A chacun correspond un espace et sur cet espace un volume. S'il est connu, l'épisode devient riche d'histoire humaine. Il faut alors s'interroger sur la raison d'être de chaque modification apportée, sur le rôle dévolu aux édifices et sur leurs relations respectives. Il nous est ainsi donné d'apprécier pleinement le génie de l'homme renouvelant sans cesse l'ingéniosité des solutions qu'il doit apporter aux problèmes techniques que soulève chaque nouveau chantier. Grâce à des images enfin expressives, contrairement à celles d'autrefois, le « réalisme » faisait son apparition dans la représentation de Karnak. Tout ceci constitue une extraordinaire stimulation pour la recherche sans oublier l'intérêt capital que pouvait apporter cette reconstitution pour la présentation et la restauration du site lui-même.

Une vaste curiosité, dépassant amplement la seule vision du temple actuel ou les études de détail, est ainsi venue modifier les préoccupations initiales des chercheurs. Nous souhaitons ouvrir une ère nouvelle : celle des interprétations synthétiques qui font ressurgir du néant de l'oubli le commencement d'explication tant souhaité sur la nature, l'ampleur, la cause des modifications successives apportées au grand temple.

Tout un Karnak ignoré émergeait ainsi sous nos yeux ; celui qui, depuis près de cent ans que l'on explore le site, ressortait peu à peu, bloc après bloc du cœur des pylônes, des fondations, de l'épaisseur des murs. Longtemps floue, l'image d'un autre temple, en d'autres temps, se précisait progressivement.

Patiemment dessinés, analysés, assemblés, confrontés aux caractères spécifiques des emplacements adéquats, les vestiges retrouvés redevenaient des monuments.

Mais là encore, les limites du possible ont été rapidement atteintes. Rien ne permettait, dans tous les procédés jusqu'ici évoqués, d'actualiser commodément la multiplicité des vues accumulées sur un Karnak trop complexe. A aucun moment, la rigidité des modes d'expression mis en œuvre ne laissait entrevoir la vraie solution. Celle-ci, pour être efficace et souple, devait, en effet, intégrer à l'ensemble des données une dimension essentielle : *le temps,* qui seul pouvait expliquer que le temple d'Amon-Rê avait eu une véritable vie.

Peut-être y eut-il une bénédiction d'Amon pour faire en sorte que les limites atteintes soient une nouvelle fois dépassées. Au moment même où l'essentiel des dessins de restitution venait à son achèvement, soulevant du même coup les problèmes et les espoirs que nous venons d'évoquer, la Direction des Études et Recherches d'Électricité de France définissait une politique nouvelle et originale du mécénat : le mécénat technologique. Dans le cadre de cette politique, elle nous offrait son expérience de la conception assistée sur ordinateur, la souplesse et la puissance d'un logiciel utilisé couramment pour la conception des centrales nucléaires et enfin la capacité informatique de son Centre de calcul scientifique. Ainsi, naquit un programme neuf de collaboration scientifique, tout entier tourné vers la recherche des moyens et des solutions applicables à l'expression en trois dimensions de l'histoire évolutive de Karnak[26].

C'est avec enthousiasme que fut adoptée cette nouvelle voie ouverte par la proposition faite aux chercheurs du Centre franco-égyptien d'Études de Karnak par la Direction des Études et Recherches d'Électricité de France. Désormais, grâce au mécénat technologique, le projet de retracer, fidèlement et dans toute sa diversité, l'histoire millénaire du sanctuaire d'Amon-Rê devenait possible.

Les résultats acquis, contenus dans cet ouvrage, apportent la preuve du succès de cette collaboration. Il ne faut pas imaginer pour autant qu'il suffisait de confier à l'ordinateur la base de données construite patiemment par les archéologues pour aboutir avec certitude aux résultats espérés. C'était également pour les chercheurs d'Électricité de France un pari important. L'ordinateur ne se limite pas à reproduire un dessin. il doit apprendre à concevoir les éléments simples d'architecture : pylônes, colonnes, colosse osiriaque... puis à les associer dans différents édifices. Sa logique interne doit être conçue pour vérifier les assemblages, mettre en évidence les déficiences de certaines hypothèses et ainsi permettre de les modifier. Peu à peu, les images créées sur l'écran concrétisent avec rigueur les hypothèses de reconstruction établies sur la base de données. Le pari a été tenu.

Il convient, maintenant, dans un deuxième chapitre, d'expliquer comment et avec quels outils cette prestigieuse « reconstruction » a pu être obtenue.

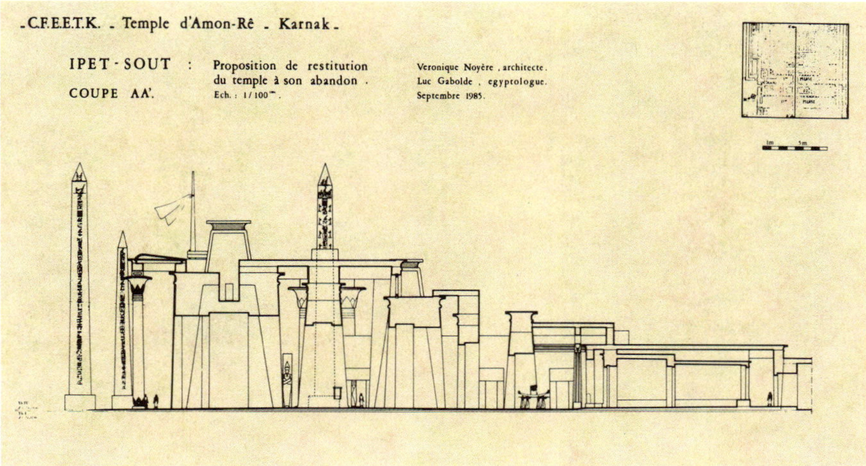

△
*Une longue série de relevés topographiques, de plans, de coupes et d'élévations exécutés par les équipes du CFETK à partir de 1979 ont permis de proposer, en coupe longitudinale, une première version de l'*Ipet Sout, *les appartements proprement dits du dieu, situés entre le IVe pylône et la « cour du Moyen Empire », siège du saint des saints.*
*Ici l'*Ipet Sout, *coupe d'est en ouest par le sud, proposition de restitution des élévations au Ier siècle avant J.-C. (Conception, dessin et réalisation : V. Noyère Conseil archéologique : L. Gabolde).*

Notes

1. Les planches de la *Description de l'Égypte* (abréviation *DE*), auxquelles il est fait référence, sont celles de l'édition Pancoucke, Paris, 1820, et consignées plus particulièrement dans le volume III, où sont publiés tous les monuments de Karnak. Parmi les membres de l'expédition d'Égypte qui œuvrèrent sur le site, il convient de citer en premier lieu les jeunes ingénieurs des Ponts-et-Chaussées, Édouard de Villiers du Terrage et son inséparable ami Jean-Baptiste Prosper Jollois ; c'est à eux que revient le mérite d'avoir commencé, et de leur propre initiative, le relevé des édifices pharaoniques de la Haute-Égypte. Sur l'histoire des travaux anciens de Karnak, on pourra consulter : Cl. Traunecker, J. C. Golvin, *Karnak, résurrection d'un site,* éd. Office du Livre, Fribourg, 1984, pp. 104-116 ; J. C. Golvin, dans *L'expédition française d'Égypte de 1789 à 1801,* Armand Colin, Paris, 1989. Les autres auteurs principaux des relevés de Karnak qui, pour la plupart, n'avaient, eux aussi, qu'une vingtaine d'années, faisaient partie des deux commissions scientifiques que Bonaparte avait désignés avant son retour en France, pour procéder à l'étude des monuments du sud de l'Égypte. Nous ne citerons que les membres qui

△
L'art et le soin méticuleux d'une maquette ne pouvaient trouver meilleur interprète que Rashid Migalla. Du dromos de l'ouest à l'entrée de la grande hypostyle, le balsa et le pin firent merveille pour évoquer les accès de la demeure d'Amon.

ont travaillé, de façon effective, sur le site de Karnak et leurs qualifications :
Première commission : Costaz (géomètre), Balzac, Le Père et Dutertre (architectes), Saint-Genis (ingénieur des Ponts-et-Chaussées), Coraboeuf (géographe).
Seconde commission : Fourier (géomètre), Chabrol et Lancret (ingénieurs des Ponts-et-Chaussées), Jomard (géographe), Cécile (ingénieur), Redouté (peintre).
Vivant Denon avait, de son côté, accompagné le général Desaix dans la Haute-Égypte ; rentré en France dès 1799, il n'a pas publié de restitutions ou de relevés précis de Karnak.

2. Tous les édifices situés sur l'axe majeur du temple d'Amon-Rê ont été restitués par Le Père : plan et coupe longitudinale (*DE*, III, 21) ; grande cour (*DE*, III, 22, 41) ; salle hypostyle (*DE*, III, 23, 26, 42) ; salle de la *Ouadjyt* (*DE*, 24, 25, 27) ; salle jubilaire de l'*Akhmenou* (*DE*, III, 24, 28).

3. Les autres membres de l'expédition ont consacré au temple d'Amon-Rê des vues d'ambiance, notamment Cécile (*DE*, III, 18, 43, 48, 49), Balzac (*DE*, III, 18, 44, 46) et Dutertre (*DE*, III, 20). L'on ne peut citer *in extenso* tous les relevés de bas-reliefs ou de détail d'architecture exécutés. Signalons, cependant, le dessin du bas-relief gravé sous un portique du temple de Khonsou exécuté par Dutertre (*DE*, III, 57) qui représente le IIIe pylône du grand temple d'Amon-Rê avec tous ses détails d'origine. Un tel document a été inappréciable pour dessiner la restitution architecturale de cet accès monumental, de nos jours réduit à l'état de ruine totale.

4. Renvoyons par exemple aux remarques pertinentes que De Villiers fit à ce sujet dans son *Journal et souvenirs de l'expédition d'Égypte (1798-1801)*, (mis en forme et publié par son petit-fils, Marc) Paris, 1899, pp. 204-211.

5. Quelques restitutions de la salle hypostyle ont été proposées, entre autres par Hector Horeau, dont la vue *romantique* peinte du haut du IIe pylône est publiée dans le *Panorama de l'Égypte et de la Nubie*, paru en 1841 à Paris. Une belle étude en perspective du même édifice figure dans l'ouvrage édité à Paris en 1878 de G. Perrot et Ch. Chipiez, *Histoire de l'Art dans l'Antiquité*, accompagnée de la photographie d'une grande maquette exposée au Metropolitan Museum de New York.
A consulter encore, dans ce sens, G. Legrain, *Les Temples de Karnak*, Bruxelles, 1929, pp. 247-248.
Historiquement, les travaux de synthèse les plus importants relatifs à l'évolution du temple d'Amon et à ses différentes périodes sont ceux de :
L. Borchardt, *Zur Baugeschichte des Amonstempels von Karnak*, Leipzig, 1905 (Réédition *Untersuchungen zur Geschichte und AltertumsKunde Ae gyptens* 5, Neudrück, 1964, Hildesheim).

G. Haeny, *Basilikale Anlagen der 18. Dynastie* dans *Beiträge zur ägyptischen Bauforschung und Altertumskunde* 9, Wiesbaden, 1970, pp. 7-70.

La contribution fondamentale de Paul Barguet à l'histoire de Karnak a paru au Caire en 1962 sous le titre : *Le Temple d'Amon-Rê à Karnak — Essai d'exégèse* et constitue le volume XXI des *Recherches d'archéologie, de philologie et d'histoire* publiées par l'Institut français d'archéologie orientale du Caire (387, p. 43, pl., 2 plans).

6. Pour l'ensemble des travaux du Centre franco-égyptien durant cette période et la bibliographie afférente : J. C. Golvin, J. C. Goyon, S. Abd-el-Hamid, *Rapports généraux* publiés dans *Karnak* VII, Paris, 1982 et *Karnak* VIII, Paris, 1988, éd. Recherches sur les grandes civilisations, ministère des Affaires étrangères, avec le concours du CNRS.

7. L'ensemble des relevés de terrain et des mises au net fut réalisé de 1979 à 1984. On dut déplacer, classer et enregistrer plus de mille gros blocs épars encombrants. La réalisation du plan topographique coordonnée par notre collègue, M. Azim (ingénieur de recherche au CNRS) est due à P. Deleuze, P. Dexyl, A. Emonet, Chr. Guthmann (topographes) et F. Bjarnasson (architecte). L'ouvrage intitulé « *Nouveau plan topographique du temple d'Amon-Rê à Karnak* » est à paraître. Il contient notamment un historique très complet, fait par M. Azim, des relevés et des restitutions anciens de Karnak. Pour la partie topographique, nous avons bénéficié des conseils de M. Kurz auquel nous adressons nos remerciements.

8. Les travaux ont été effectués sous la direction et avec la participation effective de J. C. Golvin et J. C. Goyon. La plupart des restitutions architecturales, dessinées au 1/100e,

ont été le fruit des études conjuguées avec les campagnes de travaux menés en 1984-1985 et 1985-1986 par le Centre franco-égyptien. Ces études des volumes construits ont porté successivement sur :

— l'ensemble des pylônes (E. Richard, architecte),
— le secteur comprenant la *Ouadjyt* de Thoutmosis I et toute la partie centrale du temple (V. Noyère, architecte et L. Gabolde, égyptologue),
— l'*Akhmenou* et ses annexes orientales (J. L. Frenoy, architecte),
— la salle hypostyle et la grande cour (R. Migalla, responsable du bureau de dessin de l'Organisation des Antiquités de l'Égypte au CFETK).

L'exercice 1986-1987 a vu s'ajouter le relevé et l'étude des échafaudages du Ier pylône, ceux de l'enceinte également (J. C. Golvin et O. Ehrard, architectes). Tout ceci représente un total de plus de cinquante planches. En outre, des relevés détaillés — pierre à pierre — ont été effectués en raison de leur grande utilité pour certaines restitutions. Ce fut le cas pour les salles d'Hatshepsout et le reposoir de granit de la barque sacrée (Ch. Guthmann), le Ier pylône (J. C. Golvin, O. Ehrard, Ph. Lanterne, architectes ; Th. Zimmer, égyptologue), la grande porte de l'Est (O. Ehrard, Ph. Lanterne, Th. Zimmer) ; le Xe pylône, enfin, (E. Richard). En outre, la même tâche occupa les périodes estivales, voyant s'achever les relevés de détail de :

— la grande porte méridionale d'Evergète (P. Zignani, architecte) et toutes les autres portes de l'enceinte (J. C. Golvin),
— la salle jubilaire de l'*Akhmenou* (J. P. Giraud, architecte), les chapelles sud du complexe (S. Branché et J. Fr. Carlotti, architectes),
— le temple « d'Amon-Rê qui écoute les prières » (Ph. Lenhardt, architecte).

Tous les participants ou presque ont retiré de leurs travaux un profit universitaire comme, par exemple, V. Noyère qui a présenté pour l'obtention de son diplôme d'architecte DPLG (UP5, Paris-Nanterre) les travaux de restitution de la zone centrale du temple d'Amon.

9. Citons toutefois les monographies d'H. Chevrier consacrées aux deux reposoirs de la grande cour, bâtis, l'un par Séthi II, l'autre par Ramsès III. On trouvera toutes les références relatives aux édifices qui nous intéressent dans P. Barguet, *Le Temple d'Amon-Rê à Karnak — Essai d'exégèse,* IFAO Le Caire, 1962. Les seuls autres monuments relevés en détail après 1952 sont : le kiosque de Taharqa, les abords du Ier pylône, le *dromos* ouest et la tribune du quai occidental, ainsi que la chapelle d'Achôris. Signalons, enfin, tout le secteur nord-est de l'ensemble de l'*Akhmenou.* En ce qui concerne la bibliographie et les références utiles, on se reportera aux volumes de *Karnak* VII et *Karnak* VIII, précités. La plus grande partie du temple d'Amon n'a donc pas, à ce jour, été relevée en détail : il faudra encore des dizaines d'années d'efforts pour y parvenir.

10. Ces tentatives de restitution se bornèrent à peu de choses ; elles avaient surtout pour but de donner une idée évocatrice de l'aspect général de certains monuments. Citons les abords du Ier pylône* :
J. Lauffray, dans *Kêmi XX,* 1970, p. 107, fig. 5 ; et *XXI,* 1971, p. 83, fig. 3 bis ; le kiosque de Taharqa : *Kêmi XX,* fig. 26-27 et 31. L'édifice de Taharqa-du-lac, R. A. Parker, J. Leclant, J. Cl. Goyon, *The Edifice of Taharqa,* Londres 1979, Pl. 1.
Parmi les restitutions récentes, seule celle de la chapelle d'Achôris a été étudiée en détail mais il s'agit d'un des plus petits édifices du site.

△
L'incroyable complexité des abords de l'Ipet Sout qui s'étend, à l'est, derrière les obélisques de Thoutmosis I et le IVe pylône apparaît bien mieux sur cette maquette que sur les dessins en plan.

Pylône* : la coutume étant, chez les égyptologues, d'utiliser les termes d'architecture empruntés à l'antiquité classique, ce vocable grec désignant une « porte » correspond pour l'Égypte pharaonique à la définition d'un passage monumental de façade constitué de deux môles massifs encadrant une haute porte à deux battants.

11. Il convient de dire que les règles codifiant les « ordres » des monuments gréco-romains, telles que les définit Vitruve, ont connu elles-mêmes, dans l'antiquité, une grande souplesse d'application. Elles ne permettent donc pas d'aboutir à des restitutions d'une précision absolue mais uniquement à des approximations vraisemblables. La définition rigoureuse des « ordres » en tant que canons contraignants de l'architecture est, en réalité, le fruit des préoccupations des architectes de la Renaissance. En Égypte, aucune règle fixe applicable aux proportions des colonnes ne paraît avoir été suivie. De là, le degré toujours

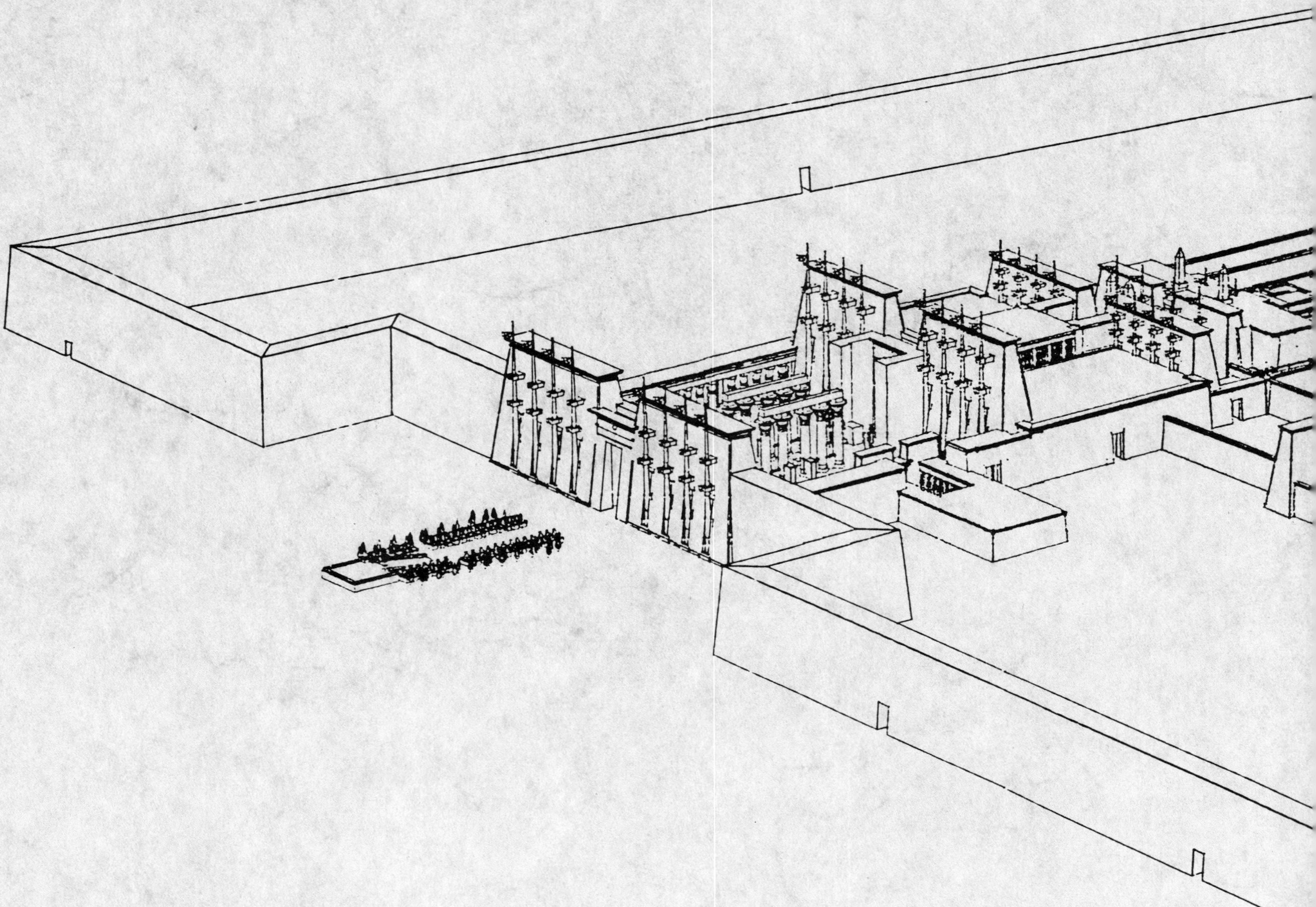

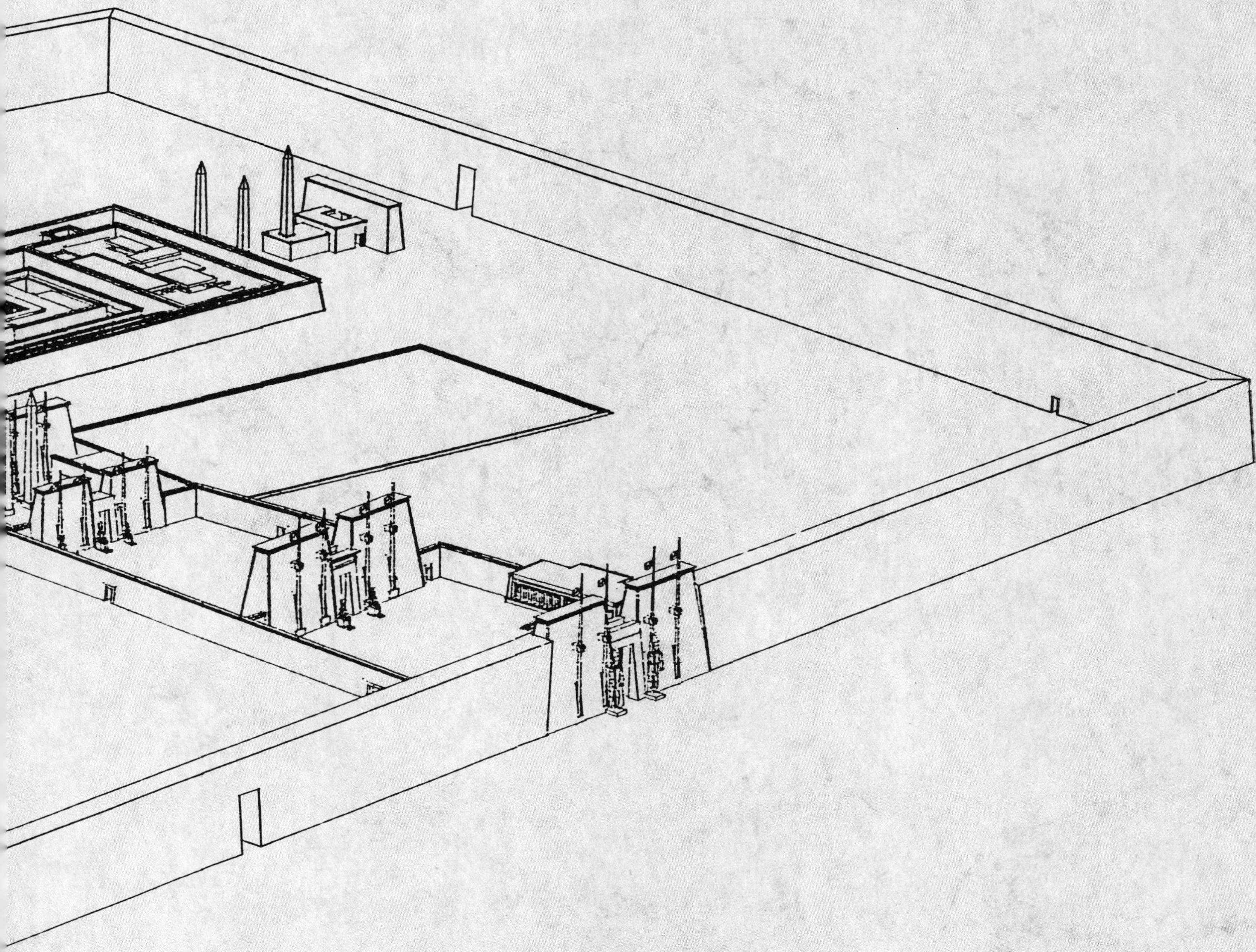

L'enceinte complète du sanctuaire d'Amon aurait possédé cette apparence, si les maçons de Nectanébo I avaient disposé du temps nécessaire pour mener à son terme le projet du souverain.

relativement grand d'imprécision auquel se heurte toute restitution.

12. D'autres indications nous ont été utiles. Par exemple, la mesure de la pente de l'escalier d'un pylône peut, par extrapolation, donner une idée approximative de la hauteur originelle totale de l'édifice, information que l'on peut recouper avec d'autres (textes, bas-reliefs) si l'on en dispose pour le cas considéré. Cette méthode s'est révélée intéressante pour la restitution du IIIe pylône de Karnak. Nous avons pu, en effet, estimer la pente de son escalier et tirer parti des deux belles représentations de ce monument gravées sur les parois de la grande colonnade du temple de Louqsor.

13. Il faut faire exception, bien entendu, des monuments ou parties de monuments restés inachevés dans l'antiquité. Le Ier pylône du temple d'Amon-Rê en offre le meilleur exemple.

14. L'*anastylose* est l'étude des fragments d'architecture et de leurs raccords d'après leur forme.

15. La méthode de relevé de blocs par décalque direct sur support transparent, mise au point à Karnak par L. Gabolde, permet, face aux moyens traditionnels, d'arriver rapidement à de bons résultats. Le document obtenu suit avec soin les contours des textes et des reliefs et il est plus fidèle au décor original qu'un relevé fait à distance. On conserve mieux ainsi l'esprit ou le « style » du dessin égyptien, difficile à rendre correctement car il diffère selon les époques et les monuments. En outre, on parvient toujours à relever les reliefs sans avoir à déplacer les blocs qui peuvent être très fragiles et à travailler, malgré de grandes difficultés d'accès, avec un faible recul. L'éclairage, enfin, n'a pas l'importance primordiale qu'il revêt dans l'emploi des méthodes de relevé photographique. Le résultat obtenu est, en tous cas, largement suffisant pour permettre de parvenir avec sûreté à l'assemblage des blocs. Ce moyen efficace est le seul qui soit utilisable pour relever et étudier dans des délais raisonnables les très grandes séries de blocs épars. C'est ainsi qu'ont été copiés puis assemblés les cinq cents éléments des constructions de Thoutmosis II (L. Gabolde), ceux d'Aménophis I au nombre de plus d'un millier (C. Graindorge et Ph. Martinez, égyptologues), les quatre cents blocs des superstructures de l'édifice de Taharqa-du-lac (R. Beaud, égyptologue). En moyenne, un an a suffi pour chaque série traitée.

▽
Le colosse nord de Ramsès II dans la cour des Bubastides, usurpé par le roi-prêtre Pinedjem.

16. La restitution obtenue par L. Gabolde, après l'assemblage des grands blocs de calcaire ayant appartenu aux murs de la cour des fêtes de Thoutmosis II, a été entièrement confirmée par les résultats d'un autre travail. En effet, Mlle B. Letellier était arrivée à restituer une cour de même forme et de mêmes dimensions par l'étude des blocs des portiques que Thoutmosis IV avait ajoutés postérieurement à l'intérieur du même espace ; B. Letellier, *La Cour Péristyle de Thoutmosis IV à Karnak* dans *Hommages Sauneron I*, Le Caire, 1979, pp. 51-71.
Dans ce cas, l'égyptologue disposait des photographies de chacun des blocs tirées à une même échelle. Il est étonnant que des travaux menés séparément aient abouti avec autant de précision au même résultat. Ceci est une confirmation supplémentaire de l'efficacité des assemblages. Ils permettent de restituer en entier des monuments très importants à partir de séries de blocs retrouvés pêle-mêle au cœur des pylônes.

17. *Supra*, note 8.

18. La belle vue perspective « en éclaté » de toute la partie occidentale du temple d'Amon *(Ipet Sout)* dessinée par V. Noyère ou celle du sanctuaire de l'*Akhmenou* exécutée par J. C. Golvin et N. Beaux en donnent une idée : *cf.* J. C. Golvin, J. C. Goyon, *Les Bâtisseurs de Karnak*, éd. du CNRS, Paris, 1987, p. 44 et 46 (cité : Golvin-Goyon, *Bâtisseurs de Karnak*, par la suite).

19. La construction de la grande maquette en bois du temple d'Amon-Rê a été faite entièrement par R. Migalla, dans les ateliers du

Centre franco-égyptien. Sa réalisation amena notre équipe à étudier de nombreux problèmes de détails que les vues dessinées en deux dimensions n'avaient pas permis de discerner. La maquette est, en ce sens, un excellent outil de recherche. Ayant à représenter des volumes bâtis, elle impose de ne rien laisser au hasard et d'examiner de façon approfondie tous les raccords des monuments entre eux. C'est un travail intellectuellement très excitant pour les chercheurs que de participer à cette véritable reconstruction du temple. La progression de la maquette amène à se poser sans cesse de nouvelles questions, à imaginer comment les choses se présentaient, à trouver des solutions à des problèmes inattendus apparus en cours de fabrication, à corriger ou compléter les dossiers d'origine. Cette maquette qui, à terme, sera installée sur le site à l'entrée du temple est présentée depuis août 1987 au sein de l'exposition « Les Bâtisseurs de Karnak » organisée par le CNRS avec la collaboration scientifique de la Direction des Études et Recherches d'Électricité de France.

20. En ce qui concerne, plus particulièrement, la construction du temple, voir Golvin-Goyon, *Bâtisseurs de Karnak*: notamment, pp. 87-89 et 99-107.

21. La première étude de ce genre est sans doute celle de la merveilleuse « chapelle blanche » joyau du Musée de plein air de Karnak, étudiée et publiée par P. Lacau et H. Chevrier, *Une chapelle de Sésostris I à Karnak,* Le Caire, 1956.
L'édifice a été remonté à son emplacement actuel en 1937-1938 (H. Chevrier, *Annales du Service des Antiquités de l'Égypte* 38, 1938, pp. 567-608). Une minutieuse restauration a dû être accomplie en 1985. Depuis 1979, dans le même esprit que celui qui animait Chevrier, le Centre consacre de grands efforts au remontage, total ou partiel, de monuments démantelés dans l'Antiquité. Ceux qui constituèrent l'ensemble connu sous le nom de « cour des fêtes de Thoutmosis II », peuvent, maintenant, être vus par tous. La vocation du Centre de Karnak, qui est d'allier constamment recherche scientifique et travaux de conservation et de mise en valeur du site, est, par là, scrupuleusement respectée.

22. Toutes ces époques seront évoquées lors de la présentation de la séquence des vues restituées à l'ordinateur ; *infra,* p. 52 *sq.*

23. Cette situation est celle des édifices qui occupaient l'espace central du temple, appelé improprement « cour du Moyen Empire ». Une peinture murale de la tombe de Neferhotep esquisse très schématiquement l'aspect des monuments disparus: Golvin-Goyon, *Bâtisseurs de Karnak,* p. 31.

24. La présentation d'hypothèses différentes pouvant concerner certaines époques sera faite ci-après, p. 93, *sq.*

25. C'est évidemment à partir de ces assemblages que nous pouvons mettre au point les projets de restauration concernant soit la reconstruction complète d'un édifice au Musée de plein air de Karnak, soit le remontage d'une partie effondrée dans le temple proprement dit. Les reconstitutions dessinées constituent aussi une base documentaire essentielle pour les publications scientifiques traitant de l'histoire du temple.

26. Des contrats ont été signés en 1987, dans le cadre des accords généraux de collaboration scientifique conclus entre EDF et le CNRS. Les clauses spécifiques concernant Karnak prévoyaient la réalisation en conception assistée sur ordinateur des volumes bâtis puis la valorisation des résultats, assortie de leur publication. Etaient garants de ces contrats : M. M. Albouy, directeur-adjoint, représentant la Direction des Études et Recherches d'EDF, d'une part, M. J. Lautman, directeur scientifique du Département des sciences de l'homme et de la société, représentant la direction générale du CNRS, d'autre part. Une première approche de valorisation a été présentée au public avec le montage audiovisuel diffusé dans le cadre de l'exposition « Les Bâtisseurs de Karnak » déjà évoquée (direction scientifique : J. C. Goyon-J. C. Golvin-J. Montluçon (réalisation Studio K, Paris). D'autres le remplaceront, plus scientifiques et plus beaux, mais le présent ouvrage demeurera la base de toute publication conforme au programme prévu.

△
Et c'est parce que d'autres chercheurs aux préoccupations différentes, adonnés à d'autres sciences que celles du passé, ont accepté de partager le même rêve que l'espoir est né.

CHAPITRE 2

La reconstruction informatique de l'histoire des temples de Karnak

L'origine de cette tentative de reconstruction « informatique » de l'histoire des temples de Karnak remonte au printemps de l'année 1986. Nos tâches habituelles consistent à créer de nouveaux outils d'étude, utilisables dans la conception et la représentation d'architectures industrielles complexes comme les centrales nucléaires. Une fois mis au point, nous assurons la promotion de ces nouveaux outils, ainsi que la formation des utilisateurs. Mais au début de cette même année 1986, nous avons été sollicités par une demande originale de notre Direction dans le cadre d'une nouvelle politique de mécénat : le mécénat technologique. La question posée était la suivante : « Nos outils d'étude pouvaient-ils servir une cause non plus industrielle mais culturelle : la restitution spatio-temporelle du temple d'Amon-Rê à Karnak ? »

A priori, les points communs entre les grands projets industriels qu'EDF réalise en moins de sept ans et un temple laissé inachevé au bout de vingt siècles paraissaient peu nombreux. Un trait commun cependant les caractérisait : il s'agit dans les deux cas de très grands projets architecturaux à caractère évolutif. Les vastes dimensions du modèle à réaliser et le très grand nombre de ses constituants apparaissaient immédiatement.

Or, nous disposions précisément dans notre panoplie de logiciels graphiques, d'un de ces grands produits informatiques très puissants, mais fort coûteux, et par là même peu répandus, que nous avions importé plusieurs années auparavant de Cambridge en Angleterre.

La traduction libre mais la plus appropriée à l'objet de ce logiciel désigné sous le nom de PDMS[1] serait « Système de conception et de gestion de projets industriels ». Grâce aux développements apportés par nos équipes, les bureaux d'études de la Direction de l'Équipement d'EDF l'utilisent maintenant pour leurs projets depuis plus de sept ans.

Le logiciel « PDMS » : de quoi s'agit-il ?

Ce système cohérent permet d'enregistrer de façon concise et organisée un modèle volumique virtuel, hors échelle, d'une installation industrielle. De cette « maquette », il est ensuite possible de tirer toutes les vues que l'on estimera nécessaires : plans, coupes, élévations et perspectives, ainsi que tous les docu-

◁◁
Les colonnes, chaînées aux parties hautes par les architraves, forment une ossature qui autorise des parois latérales plus faibles. Celles-ci, dans la salle hypostyle de Karnak, sont percées de fenêtres dans lesquelles s'encastrent des « claustra » *(« grilles de pierre ») qui éclairaient les nefs en filtrant la lumière. L'ordinateur a dû ainsi apprendre à représenter des* « claustra ».

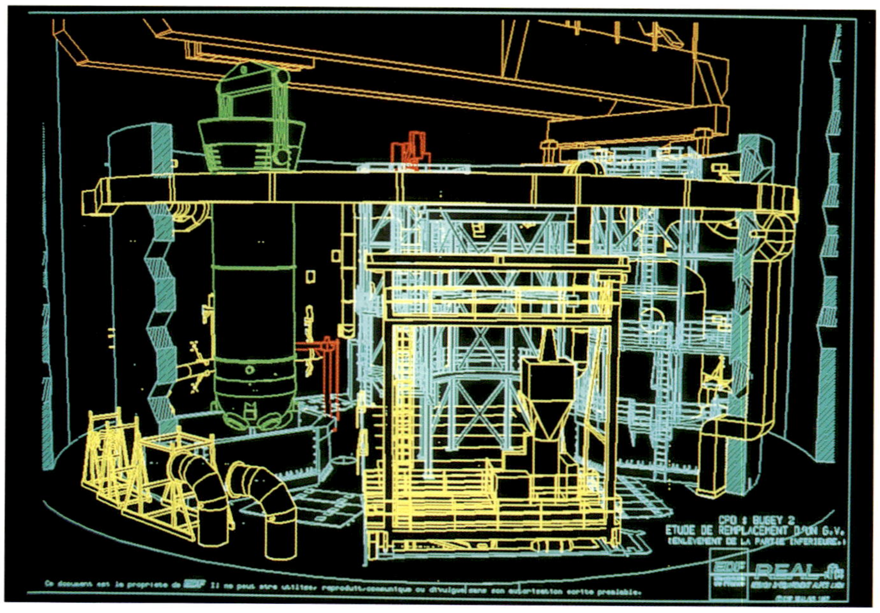

△△
Une centrale nucléaire au bord de l'eau.

△
Le dessin d'un réacteur est un assemblage de lignes dont la CAO vérifie à tout instant la cohérence dans l'espace. Ici, la vue en plan d'une coupe.

ments de gestion, de vérification... On peut obtenir à la demande les métrés ou encore accéder à la bibliothèque des matériels contenus dans la construction. Tout ceci constitue le lot quotidien d'un bureau d'études d'ingénierie industrielle bien organisé.

Pour être franc, lors de notre première rencontre avec les égyptologues du Centre franco-égyptien de Karnak, nous ne savions que fort peu de choses de l'architecture égyptienne antique.

En cette fin d'après-midi de 1986, nous avons donc essayé, en présence de ces spécialistes d'un domaine pour nous inconnu, de cerner la faisabilité du projet. Sur un terminal graphique de nos ordinateurs, nous avons commencé rapidement à représenter les monuments que nous connaissions : l'obélisque de Louqsor sur la place de la Concorde, les pyramides de Gizeh ; c'étaient là des volumes faciles, réalisés en quelques instants. Ces professionnels de l'Égypte ancienne nous ont ensuite guidés pour représenter grossièrement quelques archétypes architecturaux : pylônes, corniches, portes, etc. La représentation grossière de ces éléments nous étant apparue possible, nous avons accepté de relever le défi.

L'entreprise proprement dite a commencé trois mois plus tard, à l'automne de cette même année, mais pour bien faire comprendre la méthode utilisée, il convient de donner au lecteur quelques explications élémentaires sur le logiciel PDMS.

Le véritable « métier » de ce logiciel est l'agencement des réseaux de tuyauteries, câbleries, ventilations, équipements dans les usines telles que raffineries de pétrole, usines chimiques, centrales nucléaires. Ces applications étaient évidemment fort éloignées du complexe architectural de Karnak.

Cependant, pour représenter l'environnement de ces réseaux de câbles et de tuyaux, le système PDMS offre aussi la possibilité d'agencer des volumes, des murs, des planchers, des charpentes ; c'est cette petite partie du logiciel que nous avons essentiellement utilisée pour la restitution de Karnak.

Le logiciel gère un jeu de base de données organisées de façon hiérarchique : le « monde » est partagé en « sites » composés eux-mêmes de « zones », qui regroupent à leur tour des « structures », par exemple des équipements, des tuyauteries... Les structures et sous-structures sont composées, comme certains jeux d'enfants, d'assemblages de formes élémentaires. Ces formes élémentaires, appelées « primitives » géométriques, sont des cylindres, cubes, cônes, pyramides... Pour l'objet qui nous occupe, elles ont l'avantage d'être modifiables à volonté et de pouvoir s'interpénétrer sans inconvénient.

L'ensemble du logiciel est conduit au moyen d'un langage, qui ressemble à un abrégé d'anglais[2].

Ainsi, l'usage de ce logiciel est fondé sur une sémantique structurée, mais nécessitant apparemment de longues descriptions au clavier. Cependant, l'efficacité est une des qualités principales que doit posséder un logiciel. De fait, pour augmenter son efficacité, le logiciel PDMS offre à l'utilisateur des moyens d'entrée évolués.

Ce sont d'abord les « synonymes » par lesquels il sera possible, à tout moment, d'établir une équivalence entre un mot et une phrase : cette disposition autorise l'utilisateur à personnaliser son langage de commande et lui permet d'en amplifier la puissance[3]. Le second moyen d'entrée évolué est le « fichier » de commandes : le langage prévoit la possibilité d'appeler en une fois une liste de commandes que l'on aura préalablement inscrite dans un « fichier » de texte ; l'appel de ces textes déclenchera l'exécution successive des ordres qu'ils contiennent.

Trois concepts supplémentaires enrichissent encore les possibilités de PDMS. Ce sont d'abord les « paramètres d'appel » des fichiers de commandes ; il est possible, par ce moyen de transmettre des noms ou des valeurs aux commandes contenues dans le fichier (ou dans la ligne de commande équivalente du synonyme), adaptant ainsi, à la demande, le fonctionnement de cette liste de commandes.

Un exemple illustrera ce propos ; pour créer

une colonne du temple de Karnak, on écrira dans un fichier une liste de commandes d'assemblage de « primitives ».[4]

Une fois cette « programmation » faite, il suffira pour placer dans le temple une telle colonne, d'appeler ce texte, en lui adjoignant, en « paramètres », son nom, sa position, sa hauteur... ou toute autre caractéristique, selon les degrés de liberté prévus dans le programme de description.

Une autre notion est celle de « registre de variable » : par ce moyen, il est possible d'enregistrer à la demande toute caractéristique (« attribut » : position, orientation, dimensions...) d'un élément préexistant de la description, afin que sa valeur puisse varier et s'adapter en fonction du résultat de l'exécution du fichier de commandes. Cette possibilité permet de tester certaines hypothèses élémentaires (d'élévation ou de raccordement, par exemple) et d'effectuer les ajustements ou les corrections nécessaires.

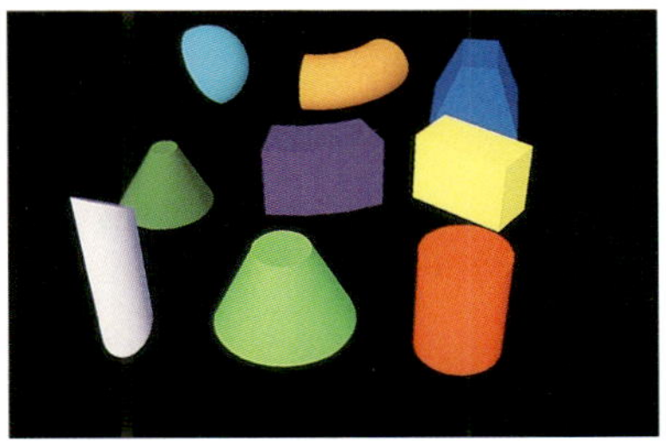

Chaque élément d'architecture est composé de primitives élémentaires (en haut) qui, rassemblées, vont donner une colonne fasciculée (à gauche). Ainsi se constituent peu à peu « les mots » de la langue des bâtisseurs égyptiens.

La troisième notion est celle de « calculateur » : il est possible, à tout moment, de faire calculer un « attribut » ou le contenu d'un registre en posant simplement une formule de calcul faisant intervenir des valeurs ou des contenus de variables.

Une illustration claire de l'utilisation de ces notions est le programme de création des architraves reliant les chapiteaux de paires de colonnes du temple de Karnak.

Ses paramètres d'appel sont simplement les noms des deux colonnes à relier ; l'action du programme consiste à rechercher et à ranger dans des registres de variables les positions des sommets de chacune des deux colonnes, puis de dimensionner, orienter et placer l'architrave en fonction du contenu de ces registres de variables, après les calculs appropriés.

Le lecteur nous pardonnera cette description

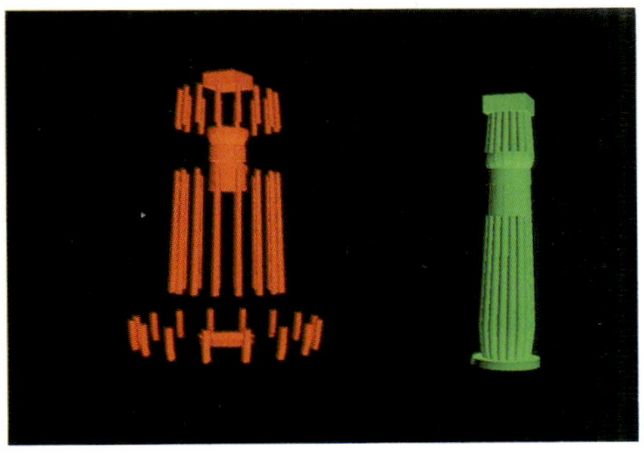

un peu technique de l'aspect « sémantique » du système ; elle est nécessaire à la compréhension de la démarche de recherche et d'analyse effectuée lors de l'étude de l'évolution des édifices de Karnak.

Le projet « KARNAK »

Le travail a été effectué par deux architectes du Centre franco-égyptien et par une informaticienne mise à disposition par Électricité de France ; la direction informatique du projet, l'encadrement, le conseil, le suivi du travail, la formation des deux architectes au nouvel outil de recherche, ainsi que certains travaux d'appui spécifiques ont été assurés par les ingénieurs de la Direction des Études et Recherches d'Électricité de France.

En gros, EDF a apporté son savoir-faire en CAO, l'outil de recherche et les moyens de calcul, tandis que le Centre franco-égyptien apportait ses connaissances sur le temple d'Amon-Rê à Karnak.

Cependant, la vocation d'une Direction de Recherche étant d'améliorer sans cesse ses outils, les chercheurs d'EDF ont saisi l'occasion de ce projet sans véritable caractère d'urgence (ce temple n'avait-il pas attendu quatre mille ans !) pour expérimenter des méthodes de travail différentes de celles mises au point pour les bureaux d'études des constructeurs de centrale.

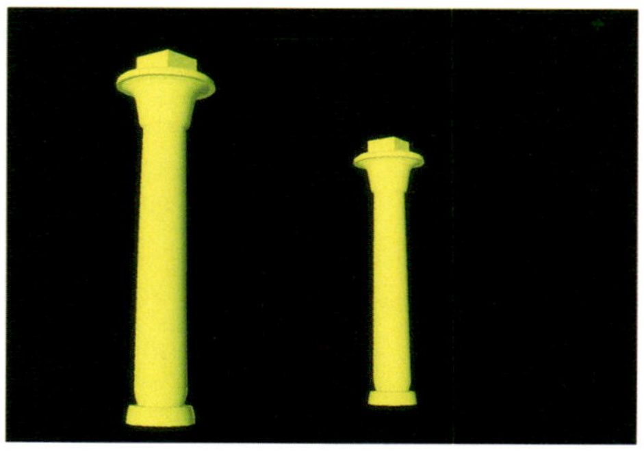

▷
Restait à replacer et coordonner dans l'espace l'élément reproduit. Une perspective de deux colonnes est créée, puis une architrave (grande poutre de pierre porteuse des dalles de couverture) est calculée, puis placée sur les deux colonnes.

La mise au point de la « méthode Karnak » a commencé par une longue période d'analyse : toutes les formes répétitives que comportait l'architecture des temples de Karnak ont été répertoriées : colonnes de différents styles, pylônes, corniches, portes, avant-portes, mâts, *claustra*, architraves et jusqu'aux primitives géométriques qui composent ces formes répétitives.

Il a fallu ensuite écrire les fichiers de commandes paramétrées d'agencement mutuel de ces « primitives » restituant chacun des archétypes architecturaux déjà répertoriés. Ce travail, consistant à apprendre à l'ordinateur la grammaire de base des architectes égyptiens antiques, a été réalisé en quatre mois.

Cette grammaire de base étant acquise, nous avons ensuite constitué une sorte d'extension du langage, capable de travailler, non plus sur des formes élémentaires, mais directement sur des concepts architecturaux ; ceci signifie qu'après avoir appris au système informatique la grammaire de base des anciens Égyptiens, nous lui avons appris celle des bâtisseurs de Karnak.

Dès lors, pouvait commencer le travail de restitution des édifices sacrés formant le temple d'Amon-Rê.

Le temple a été divisé, dans l'espace et dans le temps, en grandes zones. Chacune a fait l'objet d'une analyse sur l'assemblage, portant sur les dimensions, les positions et orientations de chacun des éléments architecturaux constitutifs ; les analyses ont été traduites dans des fichiers contenant les séquences d'appel aux fonctions élémentaires de notre « grammaire architecturale ».

Au sommet de cette pyramide logique, nous avons enfin placé la clé de voûte, c'est-à-dire l'assemblage de tous ces « morceaux » du temple, incluant bien évidemment toutes les hypothèses et toutes les époques. Cette clé de voûte a finalement été obtenue grâce à une courte séquence de commandes appelant chacune des descriptions parcellaires.

▷▷
Lorsque germa l'idée, portée par le mécénat technologique d'Electricité de France, d'appliquer à la restitution de l'architecture de Karnak la puissance logique et visuelle de la CAO, une surprenante rencontre se fit autour des écrans de la salle CAO de Clamart. Et l'on vit archéologues ou philologues, doux rêveurs du passé englouti, affronter, avec l'aide des chercheurs informaticiens d'Electricité de France, la logique implacable de l'ordinateur.

Ainsi, au bout de seize mois effectifs d'études, par l'appel d'une seule commande, la « création informatique complète » du temple de Karnak a pu être obtenue... Son exécution a demandé vingt minutes de calcul sur une des grandes machines du Centre de calcul scientifique de Clamart (l'IBM 3090 — 400 sous MVS/XA).

Pour la première fois depuis vingt siècles, le

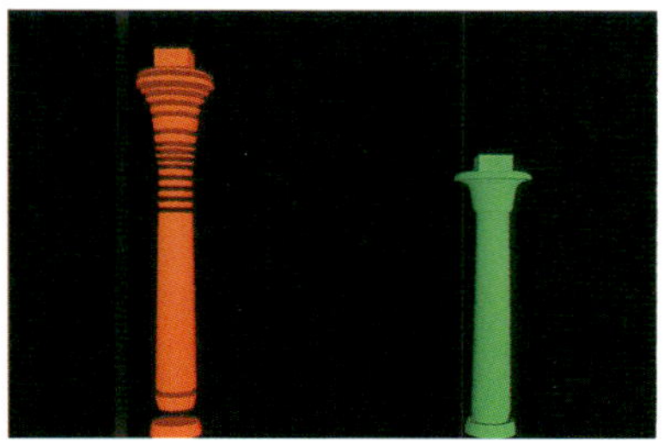

△
Chaque élément d'architecture fut ainsi créé. Mémorisé, il devenait reproductible. Ici, la colonne papyriforme du kiosque de Taharqa dans la première cour de Karnak est disséquée et recomposée : base et fût de la colonne, galbe de la corolle du chapiteau ouvert, sans omettre le dé de l'abaque.

temple d'Amon-Rê, disparu à jamais de la mémoire des hommes, était revenu dans la mémoire d'une machine informatique. Mémoire des hommes, plus précisément mémoire cumulée de toutes les générations successives qui ont vécu à Thèbes de Sésostris I jusqu'aux derniers Pharaons, telle est la base de données constituée désormais au Centre de calcul scientifique d'EDF à Clamart.

Pour donner quelques ordres de grandeur, l'ensemble du temple a été « reconstruit » par l'assemblage de plus de vingt-six mille « primitives » élémentaires, ce qui correspondrait, sous forme brute, à plus de cent quatre-vingt mille lignes de programme. La méthode « Karnak », ici expérimentée, nous a permis de le décrire à l'aide de trente-cinq mille lignes de commande seulement, ce total incluant un cinquième de commentaires explicatifs.

Si l'on met à part la « bibliothèque de formes », réutilisable pour n'importe quel autre édifice religieux égyptien, la description spécifique du temple d'Amon-Rê à Karnak

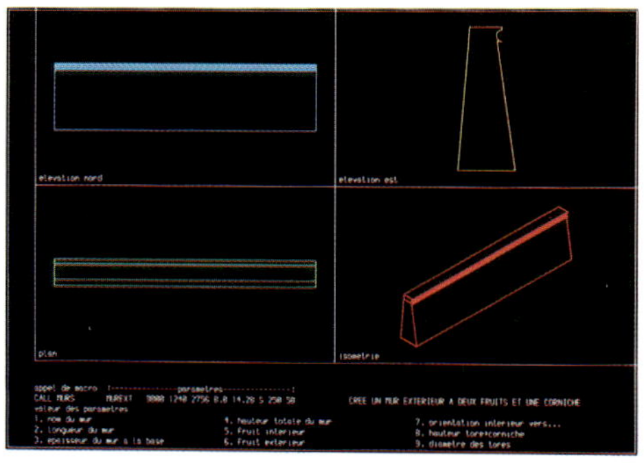

représente seulement quinze mille lignes de commande.

Pour exploiter efficacement cette mémoire, nous avons procédé à des regroupements, utilisant ainsi la possibilité offerte par le logiciel de constituer une hiérarchie parallèle, indépendante de l'organisation « initiale », qui était, rappelons-le, essentiellement spatiale.

Des groupes chronologiques ont donc été créés à partir des éléments de la base de données, afin de représenter l'état du temple à chaque étape de son évolution.

Mais cette « mémoire » du temple d'Amon-Rê à présent reconstituée et réorganisée temporellement, plus fidèle et plus vaste que celle de chacune des générations prise isolément, n'était pas encore accessible à l'œil de l'homme. Il fallait l'exhumer du « cerveau » de la machine et la présenter visuellement à l'écran pour faire découvrir à l'homme moderne les perspectives qui s'offraient à la vue de Sésostris I, de Thoutmosis I, de la reine Hatshepsout, de Ramsès II, plus tard de Taharqa. Quelques soirées de calcul furent donc nécessaires pour cueillir quelques fruits de cet immense travail de « reconstruction ». Les dessins du temple à chaque époque, sous différentes perspectives, furent d'abord obtenus en retraçant de façon didactique la vie, c'est-à-dire les mutations de ce gigantesque ensemble religieux.

Cette étude a bénéficié de l'évolution du logiciel pendant ces deux dernières années. La possibilité d'exécuter, en plus des dessins, des « images » de synthèse ombrées a été introduite au cours de l'année 1987. Après les dessins, ce sont donc les volumes successifs du temple que nous pouvons découvrir pas à pas dans différentes perspectives, et que nous présentons au lecteur dans ce livre.

Grâce à l'avènement de nouveaux matériels très puissants, il nous a été donné d'aller plus loin encore, c'est-à-dire de faire de l'animation en synthèse d'images. En termes plus simples, il nous est désormais possible de connecter complètement notre œil et la mémoire de la machine. Ceci nous permet de vivre ce rêve merveilleux qui consiste à nous promener virtuellement dans le temple, en choisissant à chaque instant, à volonté, les déplacements et la direction du regard. Pénétrant dans la première cour au début du règne de Taharqa, il nous est possible d'embrasser

△
Les portes « isolées » d'un édifice sacré de l'Egypte pharaonique sont, dans leur masse, faites de blocs trapézoïdaux ou verticaux, fort proches des formes modernes couramment utilisées. Mais leurs détails spécifiques sont légion et tous faits de lignes contrariées : gorges de corniches, tores de linteaux, « boudins » d'angle en quart ou deux-tiers de rond apposés sur les lignes de fuite des angles... Un langage spécifique, transcrit numériquement, dut être inventé pour nourrir la mémoire de la machine de détails caractéristiques de l'architecture égyptienne.

◁
Constitution d'un fichier contenant les séquences d'appel aux fonctions élémentaires. Ici, fichier de la cour des Bubastides et du Kiosque de Taharqa.

◁◁
Ces données eurent pour source la célèbre porte dite « d'Evergète » à Karnak. Barrant l'accès, au sud de l'enceinte de Karnak, vers l'allée sacrée du temple de Khonsou, elle a de tout temps fourni aux architectes le schéma-type de la porte égyptienne.

d'un coup d'œil la totalité du temple avec, au premier plan, la façade imposante du deuxième pylône. Puis nous pouvons avancer pas à pas vers la porte monumentale, lever les yeux vers le colosse de droite, porter notre regard vers le ciel pour apprécier la hauteur de la porte. Celle-ci s'ouvre sous nos pas et nous découvrons déjà la perspective de la salle hypostyle. Et nous pouvons progresser ainsi, si nous le voulons, sur l'axe divin d'ouest en est jusqu'au saint des saints.
Au-delà de l'aspect esthétique indéniable apporté par ces derniers progrès d'une technologie de pointe, la mémoire d'un ensemble architectural tel que Karnak ouvre la voie à d'autres applications de recherche.
Utilisant le fait qu'un ordinateur est avant tout un calculateur, le chercheur peut mettre à profit la connexion entre cette mémoire fabuleuse et la puissance de calcul pour effectuer des estimations de volumes et de tonnages de pierre ou encore effectuer des relevés trigonométriques complexes. Grâce aux formes élémentaires, il pourrait sans trop de difficultés « reconstruire » Louqsor ou d'autres temples de la Vallée.
Un immense champ de recherches nouvelles vient d'être ouvert dont les sciences humaines ne mesurent pas encore toute l'étendue. Grâce aux techniques informatiques, le travail patient que fournissent les archéologues pour retrouver les traces de notre passé peut être validé et valorisé. Désormais, l'homme moderne pourra se replonger visuellement dans le passé, à l'intérieur même des monuments de son histoire, ce qui lui permettra, espérons-le, de mieux la comprendre et d'en respecter les témoins.

Notes

1. Plant Design Management System.

2. Ainsi, pour en donner un exemple, la description d'un nouvel objet de type « structures » s'inscrit sur l'écran sous la forme :

NEW STRUCTURE/MAISON

ce qui aura pour effet la création dans la base d'un objet parfaitement décrit et identifié, du type STRUCTURE, qui est désigné par le terme MAISON.
Une commande du type :

AT NORTH 5000 EAST 6500 UP 2000

permet de le situer dans l'espace, tandis qu'une commande du type :

ORIENT Y IS NORTH 15 EAST AND Z IS UP

est capable de l'orienter.
Ces deux commandes ont donc pour effet de placer et d'orienter le repère de l'objet relativement à celui de son possesseur « hiérarchique ».

3. Exemple :

$S BOITE = NEW BOX XLEN $S1 YLEN $S2 ZLEN $S3

▷
Vient le temps de la trame qui représente et coordonne les lignes et les points remarquables de l'objet architectural. Multitude de fils entrecroisés où les couleurs se mêlent comme en une tapisserie de haute lice. Ici, l'entrée du temple avec l'allée des sphinx, le pylône de Nectanébo et, par transparence, la cour des Bubastides, le Kiosque de Taharqa et le pylône d'Horemheb.

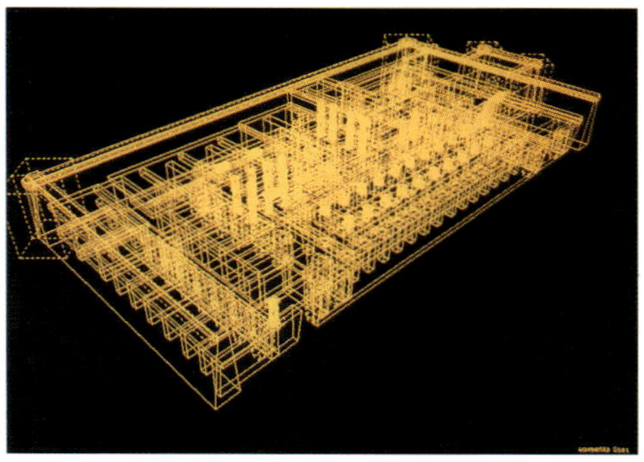

4. Exemple :

```
$*Création d'une colonne dite AA
$*paramètres: nom, position, direction-du-nord
$D2=NO
$D3=N
NEW SUBS/$1 AT $2 ORI Y IS $3
    NEW CONE
        DTOP 1230.000 DBOT 1099.999
        HEIG 4500.000
        AT E0.000 N0.000 U2410.000
NEW CONE
        DTOP 1280.000 DBOT 1250.000
        HEIG 100.000
        CONN P2 TO P1 OF PREVIOUS
        CONE
NEW CONE
        DTOP 1370.000 DBOT 1280.000
        HEIG 100.000
        CONN P2 TO P1 OF PREVIOUS
        CONE
NEW CONE
        DTOP 1500.000 DBOT 1370.000
        HEIG 100.000
        CONN P2 TO P1 OF PREVIOUS
        CONE
etc.
NEW BOX
        XLEN 1150.000 YLEN 1150.000 ZLEN
        480.000
        CONN P6 TO P1 OF PREVIOUS
        CONE
$
```

◁
*Dans la mémoire de l'ordinateur se retrouve la mémoire cumulée des générations de bâtisseurs de Karnak. L'enchevêtrement des fils de trames ne donne qu'une petite idée de la complexité architecturale organisée dans la mémoire de l'ordinateur. (L'*Akhmenou *de Thoutmosis III).*

CHAPITRE 3

Karnak au fil des siècles

Constructions, démolitions, extensions, remaniements caractérisent la longue histoire du grand temple. Ce sont donc ces siècles de chantier ininterrompu dont il faut rendre compte, si l'on veut évoquer les principales métamorphoses d'un site où les édifices se succédèrent au fil du temps, à l'image de grandes vagues marines, poussées par le vent. Le « souffle divin » qui faisait frémir les oriflammes au plus haut des mâts des pylônes a animé ces lieux, inspiré ces constantes transformations. Inscriptions officielles et sacrées, images des dieux, cartouches royaux ou humbles graffiti tracés sur les murs témoignent tous de cette vie intense et de ces siècles d'activité au cours desquels le grand « corps » du temple s'est développé. S'élançant sur ses deux axes majeurs, étendant toujours davantage son aire, l'immense chantier a continuellement progressé, faisant apparaître tour à tour les monuments les plus divers : pylônes, chapelles, salles hypostyles, obélisques, colosses, kiosques, tous bâtis en belle pierre, matériau noble par excellence, matériau d'éternité... Blocs de calcaire fin, d'une blancheur éclatante, pierres de grès doré, granits noirs et roses, masses de calcite translucide ou éléments de quartzite rouge furent extraits de carrières parfois fort éloignées de Karnak et y furent apportés, par le Nil, pour servir à édifier l'étonnante demeure du « Roi des Dieux ».

Malgré la diversité des éléments employés et les réutilisations multiples qui les ont mêlés à l'extrême, nous avons montré de quelle manière il était possible de reconstituer, bloc par bloc, monument par monument, époque par époque, les principales étapes de cet incroyable processus de création destructrice ; au cours duquel le temple s'est transformé en dévorant une partie de sa propre substance. Nous avons vu comment furent étudiées les restitutions architecturales de Karnak et la façon dont les volumes bâtis, une fois définis, furent analysés, décomposés et mis en mémoire dans l'ordinateur. Tout ceci aboutit à la constitution d'une base de connaissances très riche qui permet désormais de retracer, à l'aide d'autant d'images qu'on le souhaite, l'aspect des édifices et surtout leur évolution. Nous pouvons donc puiser à une source intarissable d'images pour évoquer l'histoire complexe que nous désirons raconter.

Parmi les innombrables illustrations à notre disposition, il nous a fallu choisir celles qui reflètent, de façon aussi expressive que possible, l'aspect du temple à chaque grande période de son développement. De ce fait, la

◁◁
Profil du dieu Amon-Rê représenté sous les traits d'Horemheb, gravé sur les parois de la porte de granit du Xᵉ pylône.

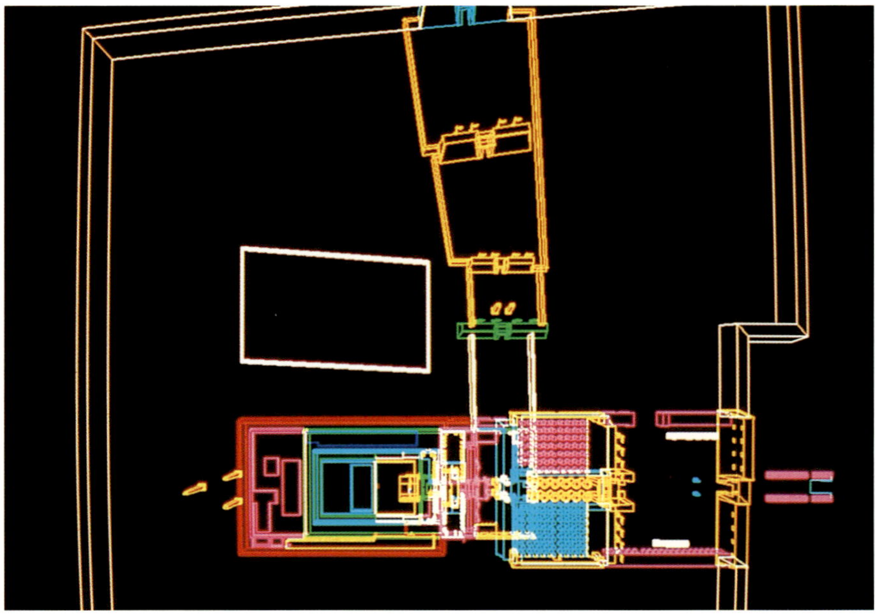

de Karnak à chaque époque donnée, car il serait illusoire de songer à retracer les vingt siècles d'évolution du grand temple en l'observant toujours sous le même angle. Un tel choix entraînerait un effet de monotonie inévitable et aussi de sérieux problèmes de représentation. Il est évident que si nous conservions toujours le même angle, nous serions amenés, dans certains cas, à faire figurer au premier plan des édifices mineurs ou relativement mal connus alors que ceux qui auraient une importance majeure pour l'époque considérée se trouveraient relégués, très loin, en fond de scène. On risquerait ainsi, et de façon contradictoire, d'attirer l'attention sur des monuments dont la restitution demeure hypothétique et de privilégier du même coup les aspects les moins importants de l'architecture de certaines époques. Nous devons, au contraire, savoir orienter notre regard de telle façon qu'il puisse découvrir chaque période d'évolution, en fonction des édifices qui la caractérisent.

△
Plan CAO orienté comme une carte (le Nord en bas), exprimant clairement les deux grands axes de développement du temple : l'axe est-ouest allant de l'obélisque unique (à gauche) jusqu'à l'allée des sphinx (à droite) recoupé par l'allée processionnelle sud-nord rythmée par ses pylônes successifs.

▷
Entrée de la salle hypostyle figurée avec des couleurs plus chaudes correspondant aux heures méridiennes.

sélection sévère des images présentées dans cet ouvrage ne donne qu'une idée partielle des possibilités réelles de l'outil informatique. Car la « maquette virtuelle » en mémoire dans l'ordinateur peut restituer les volumes bâtis à des échelles différentes et sous n'importe quel angle, avec des traits, des surfaces, des fonds dont l'aspect et les couleurs peuvent être aussi variés qu'on le désire. Nous avons tiré parti de cette souplesse de l'outil informatique pour composer les images à la manière d'un photographe.
Nous avons veillé en premier lieu au choix d'un angle de vue adapté à la représentation

En réfléchissant aux problèmes particuliers posés par la représentation de chacune des étapes retenues, nous avons tout d'abord dessiné rapidement sur papier et à la main l'esquisse des vues à fabriquer avant de demander à l'écran leur réalisation rigoureuse. Notre connaissance des principales phases de mutation de Karnak, acquise en réalisant tous les travaux précédents, permettait d'imaginer sans peine sous quel angle on avait intérêt à se placer, à chaque fois. Dans certains cas, il était logique d'observer le temple depuis le nord, afin de montrer, à l'arrière-plan, la succession des grands pylônes de l'allée processionnelle. Dans d'autres cas, il semblait plus judicieux de le voir depuis le sud comme Pharaon lui-même lors de son sacre ou de ses jubilés lorsqu'il effectuait la « montée royale ».

Afin de donner une idée complète de chaque période de l'histoire du temple, nous avons dû privilégier, il est vrai, les vues « aériennes » et obliques plutôt que les vues au sol. De cette manière, les volumes ne risquaient pas de se cacher exagérément les uns des autres et il était possible d'avoir, d'un seul coup d'œil, une vision synthétique des transformations effectuées par tel ou tel souverain. Nous avons décidé toutefois de rajouter quelques vues d'ambiance pour donner une idée de la manière dont la conception assistée sur ordinateur peut évoquer l'aspect « réel » des choses, c'est-à-dire les espaces vus à hauteur d'homme, comme si l'on se promenait à l'intérieur des salles ou des cours, ou encore des vues à contre-plongée.

Nous avons dû choisir également l'ouverture de l'angle de vue, ce qui correspond, en quelque sorte, au choix de l'objectif d'un appareil photographique. Ainsi, se trouvait défini le point de fuite des lignes en perspective. Afin de donner aux illustrations le plus de réalisme possible, nous avons retenu, sauf exception, celle de la vision normale de l'œil humain.

Enfin, une des options les plus importantes de cette étape du travail a été le « cadrage » des vues en ne retenant, dans l'ensemble monumental et pour chaque époque, que les parties du site sur lesquelles il convient vraiment de concentrer l'attention. Nous avons, en conséquence, placé hors champ, hors image, les zones périphériques au temple d'Amon. Les images ont acquis de cette façon le maximum de densité et les édifices intéressants ont pu être représentés à la plus grande échelle souhaitable.

Chaque image est donc le fruit d'un travail de réflexion et d'un véritable effort de composition pour qu'elle exprime de façon intense, complète, facilement compréhensible, un maximum de renseignements. Mais la puissance évocatrice de ces vues en nombre limité ne permet pas, répétons-le, d'exposer toute la richesse de la banque de connaissances contenues dans la mémoire de l'ordinateur : elle ne fait que la suggérer.

Le travail de « définition » des images a consisté ensuite à choisir la couleur des fonds et celle des volumes bâtis, à bien traiter l'aspect des surfaces et à évoquer l'échelle réelle des édifices. Les fonds avaient tout intérêt à être d'une teinte neutre et plutôt foncée, afin d'aider à faire ressortir, par contraste, la forme des bâtiments. Nous avons cherché aussi à exprimer, de façon aussi suggestive que possible, le modelé des volumes et leur superposition. Enfin l'adjonction de personnages permet de situer l'échelle réelle des monuments. Ainsi, progressivement et grâce à l'utilisation d'un matériel très performant, acquis au moment même où s'effectuait cette recherche, nos images ont pu se rapprocher autant que possible de l'aspect qu'auraient eu des photographies de maquettes réelles.

Les possibilités de la CAO dans le domaine de la simulation des espaces sont bien connues. En accentuant les contrastes, les vues « construites » peuvent atteindre une intensi-

◁
Epure du péristyle des petites cours, montrant la rigueur et la précision de la CAO en tant qu'outil de représentation des volumes.

△
Restitution CAO du péristyle des petites cours situées de part et d'autre du Ve pylône. On peut admirer la perspective réaliste de cet espace.

té singulière, « hyperréaliste ». Et nous pouvons, à volonté, souligner telle ou telle caractéristique des monuments « comme si nous en retouchions les photographies », jouer sur les ombres et les ambiances lumineuses, insister sur un point particulier, surcharger les vues de légendes, de flèches ou de schémas. Il est possible également de couper les volumes où bon nous semble, de créer ainsi des vues explicatives « en éclaté », de séparer les éléments ou d'en supprimer.

L'opérateur, pris au jeu, peut se laisser griser et imaginer un instant qu'il possède le pouvoir de ces mystérieux dieux égyptiens. Son geste créateur ne rappelle-t-il pas celui d'Amon-Rê suscitant l'émergence de ses propres monuments, appelant à l'existence cours, pylônes, obélisques, qui bientôt sortent des profondeurs de la nuit pour prendre une forme lumineuse, une réalité, une vie... ?

Il est indéniable que de telles possibilités appliquées à l'architecture sacrée égyptienne prennent une dimension supplémentaire. La création des images procure, en effet, un réel plaisir, provenant autant de l'efficacité des moyens de restitution utilisés que de la nature du sujet.

S'il est vrai que, dans l'Égypte ancienne, la vie procédait du divin, rien ne peut mieux l'exprimer que la construction de ces temples, car leurs formes, leur rôle, leur fonctionnement et même leur réalisation furent guidés par des idées religieuses. Karnak est le reflet de la conception du monde des anciens Égyptiens, conception qui était elle-même très construite, où tout s'organisait selon des cycles et des axes privilégiés, à l'image du pays qui l'avait inspirée. On ne peut regarder de telles images avec indifférence : de même que les anciens dieux n'étaient pas de simples idoles, elles ne se réduisent pas à des formes architecturales. Tout fut intentionnel, symbolique, efficient, signifiant dans cette architecture et, si cet ouvrage ne cherche pas à développer davantage ces questions, au moins convenait-il d'en rappeler l'importance : elles sont à la base de toute tentative d'interprétation, de toute compréhension véritable de ces édifices.

▷
Vue de l'entrée de la demeure divine avec ses obélisques et son porche sans accentuation de la perspective.

C'est donc à cette redécouverte de Karnak au fil des siècles que nous allons procéder ensemble pour la première fois. C'est à une véritable résurrection d'un passé si longtemps oublié, décomposé, enterré dans l'obscurité pendant des millénaires et qui doit aux recherches récentes d'une équipe pluridisciplinaire d'avoir été littéralement « remembré » ; que nous convions à présent le lecteur.

Pour amorcer le déroulement de ce voyage dans le temps, il nous faut remonter aux origines lointaines de Karnak, vers la fin du XXe siècle avant notre ère, à la période de l'histoire égyptienne appelée « Moyen Empire ». Nous ne connaissons, en effet, jusqu'à

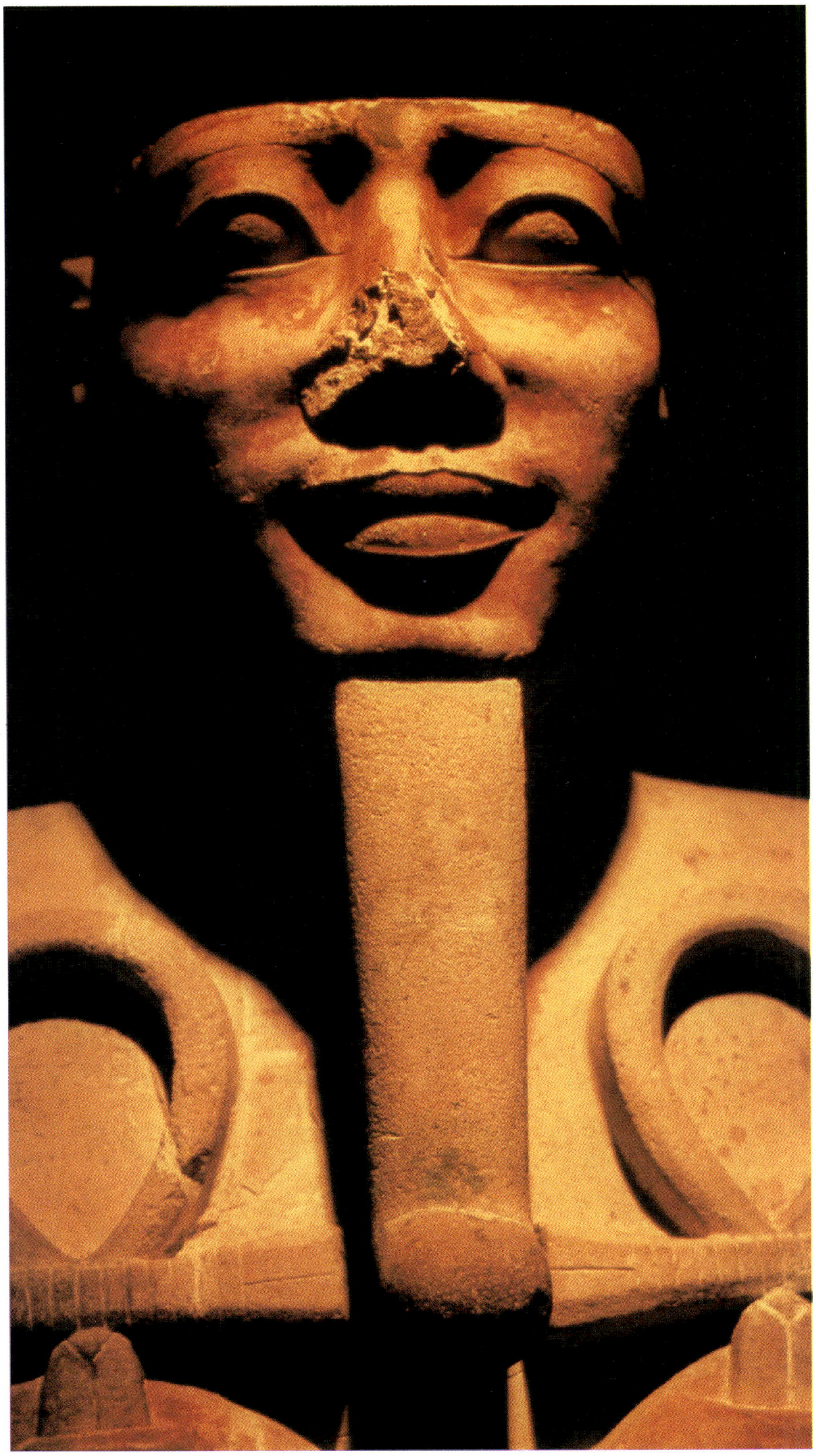

◁
Le visage du roi Sésostris I, premier grand bâtisseur de Karnak à la fin du XX*e siècle avant J.-C.*
Cette statue correspond à l'un des colosses « osiriaques » qui devaient de se trouver alignés sur la façade principale du temple à cette époque.

△△
Restitué par CAO, le temple bâti en calcaire par Sésostris I, cœur du complexe monumental. La façade principale, à l'ouest, était rythmée par les piliers à colosses osiriaques et la rampe axiale. Une petite cour intérieure précédait le sanctuaire. L'ensemble était entouré d'une enceinte protectrice en briques crues. Au nord et au sud, se trouvait une rangée d'arbres.

△
Vue générale du temple de Sésostris I avec restitution du modelé des volumes grâce à la synthèse d'image.

ce jour, aucun vestige qui serait plus ancien.

Le temple primitif de Sésostris I (environ 1900 av. J.-C.)

La construction du Karnak que nous connaissons semble bien avoir commencé avec le règne d'un pharaon au nom célèbre : Sésostris I. En ces temps anciens, seuls les espaces sacrés étaient construits en pierre, matériau d'éternité ; les annexes étaient édifiées en briques de terre crue. Pour le nouveau temple de Karnak qu'il projetait de construire, Sésostris I avait choisi un beau calcaire blanc ; les blocs étaient extraits des carrières de Toura et Ma'asara, près du Caire, puis acheminés vers les chantiers thébains en remontant le fleuve sur plus de sept cents kilomètres. Mais il ne reste plus rien ou presque de ces beaux monuments construits par Sésostris I, sinon une « **cour** », sorte de négatif du temple, que le touriste traverse sans toujours y prêter attention et des blocs éparpillés, dus au démontage de la façade par la reine Hatshepsout. Car la plupart des blocs de calcaire, qui auraient pu nous révéler en détail les caractéristiques de la partie la plus sacrée du temple et qui ont subsisté jusqu'à son abandon au début de l'ère chrétienne, ont été impitoyablement arrachés et broyés par la main de l'homme. Ils disparurent pour la plupart dans les fours à chaux des carriers du Moyen Âge. Pendant les longs siècles de décrépitude qui suivirent l'abandon du temple, les habitants des modestes hameaux de briques crues installés sur le site se procurèrent ainsi des matériaux courants à bon compte.

Malgré ces destructions, nous pouvons nous faire une idée des caractéristiques principales du temple de Sésostris I. Le sanctuaire initial abritant la statue divine occupait avec ses annexes l'espace quadrangulaire et relativement peu étendu appelé de nos jours « cour du Moyen Empire ». Sa position centrale, véritable pôle autour duquel le temple n'a cessé de se développer par la suite, apparaît immédiatement à l'observation du plan général de Karnak. Elle souligne l'importance essentielle que ce vénérable sanctuaire avait gardée au cours des âges et rend d'autant plus regrettable sa destruction.

Pour le Nouvel Empire, une bonne centaine de blocs épars, sauvés grâce à la démolition de la reine Hatshepsout et réutilisés dans l'Antiquité, ont été retrouvés au cours des fouilles. Ces données jointes à quelques autres sources d'information ont permis d'élaborer un certain nombre d'hypothèses qui ont été testées puis validées au moyen de la conception assistée sur ordinateur. Le chapitre IV décrit avec plus de détail cette reconstitution. Elle nous permet ici d'esquisser l'aspect général de ce temple d'Amon disparu depuis deux millénaires de la mémoire de l'homme et dont nous découvrons, pour la première fois, les images.

Probablement précédée d'une grande cour, la façade du temple devait comprendre une série de larges ouvertures délimitées par de

◁◁
Belle effigie du dieu Amon-Rê avec son mortier surmonté de ses deux hautes plumes caractéristiques. Les traits du dieu se confondent avec le visage du roi régnant Sésostris I. Fragment du temple le plus ancien tel qu'il est figuré sur les parois de la tombe de Neferhotep à Thèbes-ouest.
▽

puissants piliers décorés de colosses osiriaques. On désigne ainsi un type de piliers particulier comportant l'effigie du roi debout, le corps serré dans un linceul, les bras croisés sur la poitrine et ceint de ses couronnes dans la posture caractéristique du dieu *Osiris*. La posture même de ces colosses, emblèmes royaux par excellence, suggère le caractère éternel et divin de la fonction pharaonique. Plusieurs de ces éléments, actuellement exposés dans les musées du Caire et de Louqsor, ont été retrouvés en des points divers du site. La partie antérieure du temple comprenait donc un grand *pronaos* (ou pré-sanctuaire) relativement ouvert et posé sur un soubassement accessible par une rampe axiale. Les portiques du temple de Deir el-Bahari, édifice beaucoup plus récent et bien conservé, peuvent nous aider à imaginer l'aspect général de la façade de la demeure primitive d'Amon-Rê.

△
Vue d'ambiance de l'intérieur du temple des origines lorsque Pharaon s'approchait du « saint des saints ».

En avant du *pronaos* se trouvait soit une salle hypostyle (ou salle à toiture supportée par des colonnes), soit une grande cour entourée de portiques qui précédait deux ou trois salles menant au sanctuaire proprement dit, « le saint des saints », placé au plus profond du temple. Il ne subsiste de ces salles d'offrandes que les seuils des portes de granit rouge. Du sanctuaire, on ne distingue plus qu'un gros socle de calcite, dont les éléments retrouvés brisés et éparpillés au milieu de la « cour du Moyen Empire » ont été replacés par hypothèse dans l'axe du temple. Cependant, l'aspect général de cette partie très abîmée de Karnak est évoqué par les peintures de la tombe de Neferhotep (tombe thébaine n° 49) que ses fonctions de « Supérieur des scribes sacerdotaux » avaient, sa vie durant, conduit à fréquenter le sanctuaire. Quand l'artiste, aux alentours de 1350 av. J.-C., accomplit cette œuvre, c'est le temple des origines, à peine modifié, qu'il choisit de représenter avec l'enfilade de ses espaces sacrés. Les peintures de la tombe de Neferhotep indiquent également qu'un espace à ciel ouvert, sorte de jardin planté d'arbres, existait vraisemblablement au nord et au sud et que tout ce secteur était circonscrit par une enceinte, probablement bâtie en briques crues. Tout ceci définit un temple aux dimensions relativement modestes mais certainement très beau, si l'on en juge par la qualité étonnante des éléments de calcaire fin qui ont été retrouvés. Tous sont gravés de bas-reliefs d'une extraordinaire finesse et certains ont conservé des traces de leur décoration peinte. La beauté des proportions de ces édifices est suggérée par la fameuse **« chapelle blanche » de Sésostris I**. C'est aux environs de 1900 av. J.-C., lors d'un des premiers jubilés de Sésostris I, que le territoire sacré d'Amon accueillit cette chapelle haute, accessible par deux rampes axiales. Appareillé et taillé dans un calcaire très fin, autorisant les sculptures les plus délicates, cet édifice apparaît près de quatre mille ans plus tard comme un modèle d'équilibre et d'harmonie. Le souverain, confirmé dans sa double légitimité de roi et de prêtre par les rites jubilaires, y officiait devant la statue d'Amon générateur, transportée solennellement depuis le saint des saints.

Nous ne connaissons pas l'emplacement exact de cette chapelle, mais sa terrasse munie d'une gargouille laisse penser qu'elle se situait dans un espace à ciel ouvert. Elle fut vraisemblablement construite en avant du temple, dans la partie méridionale de la grande cour d'entrée qui précédait la façade et faisait partie de la belle composition d'ensemble orientée d'est en ouest selon l'axe de la course diurne du soleil. Mais il n'est pas impossible qu'elle ait été située plus au sud, par exemple dans la cour existant à l'amorce du second axe du développement du temple. En effet, l'organisation et le fonctionnement des espaces du temple ont été incontestablement pensés dès l'origine par rapport à ces deux directions perpendiculaires (l'axe solaire est-ouest et l'axe « royal » ou « processionnel » sud-nord, parallèle à celui du Nil). Le temple d'Amon-Rê proprement dit, ainsi défini, avait pour nom antique *Ipet Sout*. Agrandi et embelli pendant plus de vingt siècles, il devait conserver, jusqu'à sa destruction, le sanctuaire des origines.

Les extensions d'Aménophis I (environ 1520 av. J.-C.)

Passés les troubles de la fin du Moyen Empire et le déferlement des Hyksôs[1], l'Égypte à nouveau unie et libre sous l'autorité des premiers souverains de la XVIIIe dynastie fait de Karnak le centre liturgique et dynastique du « Nouvel Empire ». Aménophis I a recueilli le fruit des victoires des souverains combattants qui l'ont précédé et, dans la paix retrouvée, donne aux liturgies rénovées d'Amon-Rê, roi des dieux, un faste jusqu'ici inconnu. Auparavant, c'était en sa statue voilée et portée à bras d'hommes qu'Amon-Rê sortait de sa demeure. A partir du règne d'Aménophis I, l'apparat des liturgies d'Amon adopte pour véhicule la « barque de victoire ». Mais, pour protéger « *Celle-qui-exalte-les-splendeurs* », ce réceptable sacré de bois et d'or, il fallait construire un écrin digne de sa fonction : un **reposoir de barque**. L'ampleur nouvelle donnée aux fêtes d'Amon exigeait donc une refonte complète des abords occidentaux du sanctuaire primitif. Aménophis I fit ainsi construire sur le parvis du temple des origines un ensemble liturgique abritant un reposoir de barque, le premier édifice de ce type à Karnak.

Cette première grande phase d'extension du temple a pu être entièrement restituée à partir de l'étude d'importantes séries de blocs épars, réutilisés dans les constructions postérieures. Le résultat obtenu fournit un aspect général très parlant, en raison du nombre important d'éléments étudiés et de la forte proportion d'assemblages réussis[2].

Le complexe monumental qui s'est développé à l'ouest et au sud du temple de Sésostris I comprenait, au centre et exactement sur le grand axe solaire de Karnak, le bel édifice connu sous le nom de **chapelle « d'albâtre » d'Aménophis I**. Taillé dans la calcite venue d'Hatnoub en Moyenne Égypte, ce reposoir était un espace fermé et protégé, où l'on disposait sur son socle, à l'abri de toute souillure, la barque sacrée d'Amon-Rê. Son plan fonctionnel permettait aux porteurs d'effectuer sans encombres les manœuvres d'entrée et de sortie de la nef divine.

Cette chapelle était elle-même placée à l'intérieur d'une salle assez vaste aux murs faits de calcaire et les principales scènes rituelles qui s'y déroulaient ont été identifiées. De part et d'autre, au nord et au sud, étaient disposées deux séries de sept petites chapelles parallèles qui contenaient chacune à l'origine une statue du roi recevant des offrandes variées ; ainsi se trouvait exaltée, en sa permanence, la fonction royale. Elles apparaissent ici, enserrant le noyau central occupé par la chapelle « d'albâtre ». Au sud, se développait un petit ensemble monumental *(l'abattoir pur)* comprenant un espace fonctionnel à ciel ouvert accessible par deux portes opposées, où l'on purifiait les viandes prélevées sur les animaux de sacrifice. Ce lieu liturgique était flanqué également de deux séries de petites chapelles. Il convenait en effet, selon les rites vénérables

◁
Vue, par synthèse d'image, de l'édifice appelé « chapelle blanche de Sésostris I ».

△
Reconstitution réelle au Musée de plein air de Karnak de la « chapelle blanche », réalisée à partir des blocs de calcaire épars retrouvés au cours des fouilles.

▷▷
On peut admirer la finesse extrême des reliefs de la « chapelle blanche » (nom trompeur car tous les reliefs, à l'époque étaient peints alors que seul apparait aujourd'hui le calcaire blanc). Le dieu Amon-générateur est reconnaissable à ses deux grandes plumes, et exprime de façon concrète sa puissance de régénération. Dégagé de la relative lourdeur de l'art de l'Ancien Empire, le talent des graveurs de la XIIe dynastie s'exprime ici totalement. Il dépasse le réalisme pour approcher l'idéal surnaturel : le portrait royal se coule dans le « divin ». Un tel témoignage nous permet d'imaginer toutes les splendeurs qui, après l'abandon du temple, disparurent dans les fours à chaux.

inaugurés par les pharaons solaires de la Ve dynastie, que les pièces de choix prélevées sur les animaux sacrifiés soient purifiées avant d'entrer dans le sanctuaire. Un somptueux repas de viande figurait dans l'ordonnance des fêtes royales ; après qu'Amon en eut accepté l'essence, la nourriture précieuse était distribuée aux hommes, prêtres ou citadins de Thèbes, appelés à partager ainsi les bienfaits du dieu et du roi.

Aménophis I fait bâtir également une nouvelle **enceinte en briques crues** pour entourer la partie postérieure du temple. Ses vestiges ont été mis au jour, sur trois côtés, lors de fouilles récentes effectuées par le Centre franco-égyptien. Les restes d'une porte monumentale qui se situait sur l'axe processionnel sud-nord ont également été retrouvés, ce qui montre que, dès cette époque, le temple a commencé à se développer sur les deux axes privilégiés déjà définis, principe clairement affirmé et qui ne variera guère par la suite.

Aucun des édifices de pierre bâtis en ce début du Nouvel Empire n'est resté en place. Leurs blocs furent tous réutilisés pour construire les fondations ou le cœur des murs de monuments mis en chantier sous d'autres règnes. C'est donc l'étude des blocs épars puis l'utilisation de la *conception assistée sur ordinateur* comme outil de recherche hypothético-déductif qui ont permis de donner une idée assez précise de cette phase essentielle de l'évolution du temple de Karnak.

Thoutmosis I : la création de l'Ouadjiyt et la matérialisation du grand axe divin (environ 1500 av. J.-C.)

Nous sommes mieux renseignés sur les édifices qui furent implantés ensuite sous le règne de Thoutmosis I, car plusieurs d'entre eux ont subsisté.

La fragilité des enceintes de brique crue, leur non-conformité avec le principe égyptien de l'éternité divine de la pierre, le désir d'agrandir encore la demeure d'Amon, amenèrent Thoutmosis I à réviser les plans dressés sous Aménophis I. A l'ouest, **deux môles de grès,** parementés de calcaire, furent élevés pour former le pylône-horizon (appelé de nos jours sur le plan général IVe pylône). Réplique des deux falaises de la Vallée où naît et règne Amon-Rê, lumière vivante du divin, ce beau pylône marquait la nouvelle entrée monumentale de l'enceinte du temple proprement dit (ou *Ipet Sout*). Et comme jadis on l'avait fait à Héliopolis, l'antique métropole du Soleil-Roi, Thoutmosis I fit tailler et dresser deux obélisques de granit rose **la première paire d'obélisques de Karnak**. Double trait d'union royal dressé devant l'horizon du Double Pays, ce fastueux symbole servait de prologue au programme dynastique que l'on allait inscrire définitivement dans les pierres mêmes de Karnak.

Il manquait en effet dans le plan précédent un lieu spécifique voué aux cérémonies monarchiques. Thoutmosis I fut le créateur de ce lieu, qui apparaît comme la **salle de couronnement royal : Ouadjyt**. Empiétant sur la bordure occidentale du parvis de son prédécesseur, un chantier fut ouvert pour créer, en arrière du pylône d'entrée, un second pylône (appelé de nos jours V^{e} pylône). Entre ces deux limites, une salle prit place, orientée dans le sens de la longueur, du sud au nord, selon la direction générale de la terre d'Égypte. Cette salle était entourée, à l'intérieur de colosses osiriaques représentant Thoutmosis I en costume jubilaire ; une rangée de colonnes centrales soutenait une couverture légère en bois. Le rythme des colonnes centrales laissant libres les voies latérales permettait au souverain de circuler et de prendre possession symboliquement de la terre d'Égypte, en recevant d'abord au sud la couronne de Haute-Égypte, puis, montant vers le nord, de lui adjoindre celle de Basse-Égypte.

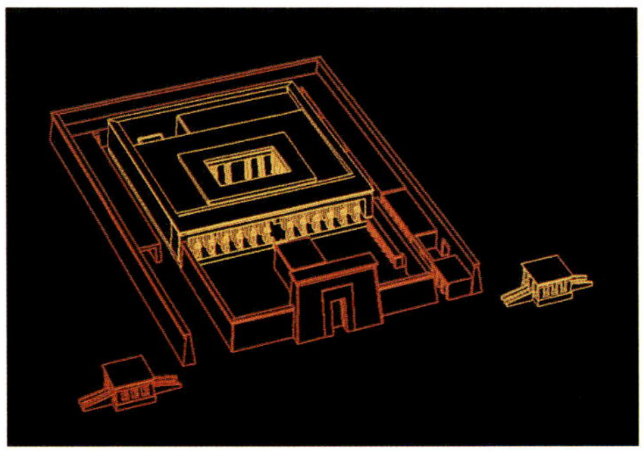

◁
Vue générale du temple d'Amon-Rê avec les ajouts d'Aménophis I, représentés en rouge. L'enceinte de briques crues a été refaite ; une cour apparaît au devant du temple ancien, contenant une chapelle axiale bâtie en « albâtre » et, sur la droite, un édifice identifié comme étant « l'abattoir pur », lieu de consécration des animaux offerts à Amon. La cour était accessible par une porte monumentale. Une deuxième chapelle extérieure dut être bâtie à cette époque : elle est représentée, par hypothèse, symétriquement à la chapelle jubilaire de Sésostris I.

Marques royales, certes, les obélisques du parvis assuraient également une autre fonction. Placés de part et d'autre de l'axe solaire général, ils constituaient sur ce parvis du temple, sans cesse repoussé vers l'ouest, le repère obligé de la croisée des deux directions du monde. Et de nos jours, alors que son jumeau du sud a disparu, devenu seuil de porte ou dormant de meule à huile, le monolithe survivant indique encore la voie vers le delta en direction de la Grande Ourse.

L'agrandissement du temple entraîna autour des édifices la construction d'une **nouvelle enceinte**. Elle fut, cette fois-ci, réalisée en pierre. L'expansion « centrifuge » du complexe liturgique par anneaux concentriques s'est donc combinée avec une extension continue sur ses deux axes majeurs.

Fait notable, le cœur des deux pylônes de Thoutmosis I fut maçonné en grès alors que leur revêtement était en calcaire fin. Le grès semble, en effet, n'avoir fait son apparition qu'à partir de cette époque en tant que matériau de construction, mais il ne fut pas tout de suite utilisé de façon systématique pour l'appareil des parements extérieurs.

Thoutmosis I a donc réussi à inscrire dans la pierre son projet. Pour la première fois, deux obélisques dressés dans le ciel de Karnak captent chaque matin les premiers rayons de Rê, renouvelant symboliquement aux yeux de tous l'acte même de la création : dans la lumière du soleil levant, le tertre primitif émerge du chaos originel. En arrière, la masse du pylône-horizon cache aux simples mortels la demeure secrète d'Amon : l'*Ipet Sout*. Dans une partie de ce territoire sacré, « Le Plus-électif-de-tous-les-lieux » s'élève désormais l'*Ouadjyt*, la salle de couronnement où Amon donne à son fils, Pharaon, le pouvoir de régner et d'entretenir la vie.

▽
Profil du roi Aménophis I figuré sur l'un des 700 blocs de calcaire découverts au cours des fouilles.

La fastueuse « Cour des Fêtes » de Thoutmosis II (environ 1490 av. J.-C.)

Les travaux incessants que Karnak connaissait

▷
Reconstitution réelle au Musée de plein air de Karnak de la « chapelle d'albâtre » d'Aménophis I, premier reposoir connu de la barque sacrée d'Amon.

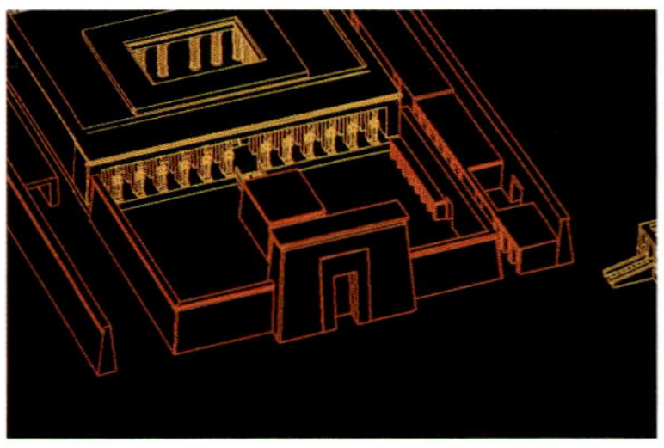

△△
Vue de l'avant-cour du temple construite par Aménophis I.

△
Vue d'ambiance de l'intérieur de l'avant-cour d'Aménophis I avec au centre la « chapelle d'albâtre ».

▷▷
Détail d'un bas-relief de la chapelle « d'albâtre ».

en ces premiers siècles du Nouvel Empire gênaient le déroulement des liturgies solennelles. Dès la mort de Thoutmosis I, on dut remédier au manque d'espace qu'avait entraîné la création de l'*Ouadjyt* et du Ve pylône. Comment rassembler à l'est, à l'occasion des fêtes de la sortie du dieu, les corps sacerdotaux dont le nombre s'accroissait à la proportion même des espaces sacrés ? A nouveau, le parvis occidental devint un chantier bourdonnant qui donna naissance à une magnifique « cour des Fêtes » pour abriter les rites de la Divine Sortie.

L'étude des cinq cents blocs de calcaire épars de Thoutmosis II et les assemblages réalisés ont permis de reconstituer l'aspect de la fastueuse « **cour des fêtes** » que le roi avait fait ériger devant la façade de l'*Ipet Sout*[3]. Les éléments de plusieurs de ses portes ont été retrouvés, ainsi que la partie supérieure d'un mur latéral comprenant frise et corniche. On a pu reconstituer ainsi, partiellement, le haut des deux môles du petit pylône situé dans l'axe du temple, qui donnait accès à cette cour. Cet ensemble monumental est le dernier témoin à Karnak des grandes œuvres royales exécutées entièrement en calcaire. En effet, dès le règne suivant, le matériau de prédilection allait être, et de façon définitive, le grès extrait des carrières de Gebel Silsileh, site qui se trouve à cent quatre-vingts kilomètres au sud de Thèbes. Son transport à Karnak était donc relativement aisé car il se faisait dans le sens du courant du fleuve.

Au milieu de la grande « cour des fêtes », sur l'axe solaire, Thoutmosis II fit ajouter une **nouvelle paire d'obélisques**, en avant de celle qu'avait érigée son prédécesseur. Toute cette composition, ample et symétrique, conférait un caractère monumental à la croisée des deux grands axes du temple et embellissait le parvis de la demeure divine. En place, on ne peut, de nos jours, reconnaître que les vestiges très dégradés de l'angle nord-est et les fondations des obélisques.

L'histoire, souvent injuste, aurait presque nié

▽
Les bœufs gras sont conduits vers le lieu du sacrifice (« l'abattoir pur ») : le sang ira à la terre ; le meilleur des viandes, au dieu puis aux hommes, mais les oiseaux du ciel, petits et grands rapaces, auront aussi leur part, chargés qu'ils sont de porter vers l'azur l'annonce de la jubilation du pays.

l'existence de ce souverain thoutmoside, mort trop jeune et pourtant bâtisseur de prestigieux monuments, si le pragmatisme atavique des chefs de chantier n'avait préservé les témoins de son œuvre. Ayant en effet soigneusement conservé les blocs d'appareils gravés, démontés lors de l'érection du IIIe pylône, les maçons d'Aménophis III les enfouirent dans les môles du nouvel édifice, nous léguant ainsi sans le savoir de précieux témoignages. Ces blocs de calcaire épars retrouvés lors des fouilles pratiquées à l'intérieur du IIIe pylône étaient, cependant, en nombre suffisant pour donner une idée précise de l'aspect et des dimensions de la « cour des fêtes » au temps de sa splendeur.

Pendant le règne, à l'arrière du temple et vers

l'est, l'emplacement où se dressera plus tard le complexe monumental de l'*Akhmenou* fut vraisemblablement aménagé pour recevoir des constructions à finalité royale dont seuls quelques rares éléments dispersés ont été, jusqu'ici, recueillis.

Gravés dans le plus fin calcaire, leurs reliefs témoignent d'un art raffiné.

Les transformations de la Reine Hatshepsout (environ 1480 av. J.-C.)

A la mort de Thoutmosis II, son épouse Hatshepsout, proclamée régente, va assumer pendant plus de vingt ans la totalité des responsabilités hiérarchiques, en éclipsant longtemps le jeune Thoutmosis III. Cette femme, qui se fit attribuer le titre de roi et voulut être représentée à l'image d'un véritable pharaon sous forme masculine, occupe une place originale dans l'histoire égyptienne. Cette situation particulière explique peut-être sa volonté manifeste de renforcer l'emprise d'Amon sur les modalités rituelles de consécration du pouvoir royal par l'intervention directe du divin, volonté qui s'est traduite par de grandes réalisations monumentales.

Pour parfaire la demeure de son « père », elle entreprit de renouveler en un matériau jusqu'ici peu usité, le quartzite rouge, l'écrin de la barque sacrée. Pour remplacer l'édifice d'Aménophis I, elle fit projeter puis exécuter un nouveau reposoir : **la « chapelle rouge »**, véritable joyau d'art qui révèle une grande habileté technique. Ce reposoir de barque faisait partie d'un programme architectural original qui allait profondément modifier l'espace central de l'enceinte de Thoutmosis I. Entre le Ve pylône à l'est et la façade du temple des origines, elle fit édifier, en grès du Gebel Silsileh, l'imposant « **Palais de Maât** » qui devait certainement englober au cœur de ses salles cultuelles le reposoir en quartzite rouge de la barque sacrée. Personne n'a pu démontrer que les blocs merveilleusement décorés de la « chapelle rouge », présentés actuellement au Musée de plein air de Karnak, ont été effectivement mis en place. On sait seulement que le « Palais de Maât » a été entrepris, sinon totalement achevé, sous le règne d'Hatshepsout. Il comprenait une série de chapelles d'offrandes construites en grès. Son édification a entraîné la démolition de la cour des fêtes et des chapelles de calcaire d'Aménophis I et vraisemblablement du portique antérieur royal du temple des origines. L'*Ouadjyt*, dont le rôle monarchique ne se justifiait plus avec les installations complexes du « Palais de Maât », fut l'objet d'une transformation particulièrement audacieuse, qui constitue sans aucun doute le plus grand exploit des bâtisseurs de Karnak. L'ancienne salle hypostyle de Thoutmosis I devint alors une cour ouverte dans laquelle Hatshepsout fit ériger **deux magnifiques obélisques de granit** dont la pointe et le fût, plaqués d'électrum (mélange d'or et d'argent), scintillaient aux rayons du soleil. L'insertion de ces deux obélisques entre deux pylônes très rapprochés (le IVe et le Ve) illustre la parfaite maîtrise des anciens Égyptiens dans le maniement de ces « objets » architecturaux lourds et fragiles. Celui du nord, encore intact, témoigne de la hardiesse du projet, tandis que le socle de celui du sud nous révèle, avec sa rainure, la technique de pose[4].

Au sud, là où vraisemblablement sous les premiers monarques de la XVIIIe dynastie n'avaient existé que des enceintes de brique crue incluant de solides portes de pierre, la souveraine du Double Pays donna l'ordre d'élever un **pylône**. Avec sa façade principale tournée vers le sud, cette nouvelle construction (désignée sous le nom de VIIIe pylône) souligne l'importance religieuse et politique que la reine accordait aux fêtes données à l'occasion des sorties solennelles d'Amon en sa cité de Thèbes, notamment lors de sa visite annuelle au temple de Louqsor.

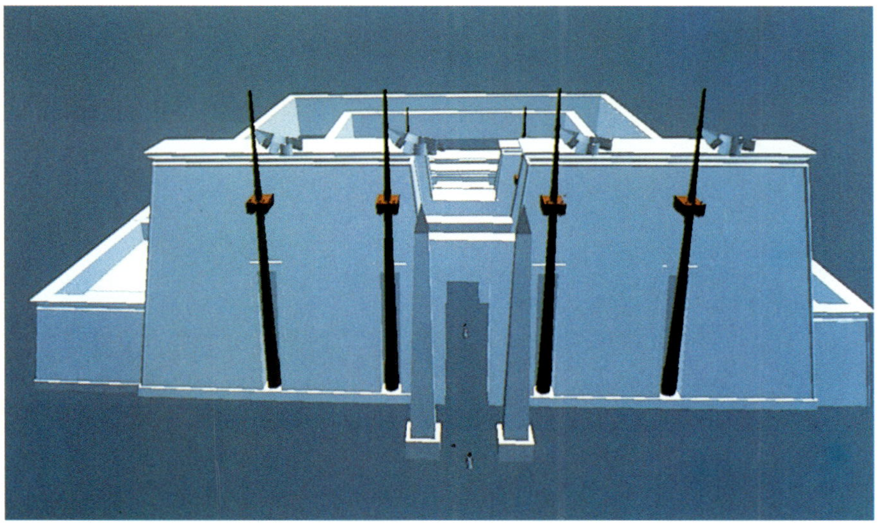

△
Vue en synthèse d'image des volumes du temple sous Thoutmosis I.

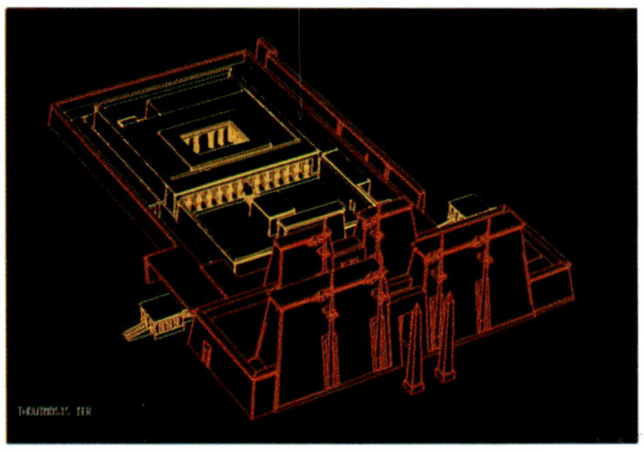

◁
Vue générale de Karnak après les agrandissements de Thoutmosis I, représentés en rouge. On distingue en jaune le temple tel qu'il était à la fin du règne de son prédécesseur Aménophis I, entouré par une nouvelle enceinte. Deux grands pylônes ont été bâtis en avant du temple, délimitant une salle destinée aux cérémonies monarchiques (désignée sous le nom de Ouadjyt*) Pour la première fois à notre connaissance dans l'histoire de Karnak, deux obélisques, marque de royauté, sont érigés devant l'entrée.*

Cette volonté politique se traduisit également par la création d'une **voie dallée** (ou *Dromos*) reliant le temple d'Amon à celui de Mout (au sud) et au temple de Louqsor. C'est par cette voie de plus de deux kilomètres de longueur qui devait traverser toute la ville et que jalonnaient six chapelles-reposoirs pour servir d'escales à la barque divine, que la procession fastueuse de l'Opê du sud quittait Karnak pour gagner le temple de Louqsor, siège de la régénération du pouvoir créateur et de la naissance divine du pharaon. La voie sacrée qui venait d'être construite pour magnifier la sortie du dieu servait en même temps, lors du sacre et des jubilés, de « montée royale ». Et de part et d'autre de la monumentale entrée du VIIIe pylône, regardant vers la source du Nil, **les colosses des rois-ancêtres** achevaient de conférer à l'allée processionnelle son caractère sacré et permanent.

Tout à fait à l'est, Hatshepsout éleva aussi **deux autres belles aiguilles de granit**. Elles se dressaient en arrière de la zone occupée aujourd'hui par le complexe de l'*Akhmenou*. La présence de ces obélisques, dont les socles et quelques fragments ont subsisté, ainsi que

▷
Aspect de l'entrée du temple avec ses obélisques tel qu'on le découvrait à l'époque de Thoutmosis I. Au sommet des quatre grands mâts de bois, dressés devant la façade du pylône, flottaient les oriflammes dont le mouvement révélait la présence du souffle divin.

celle de blocs de remploi au nom de la reine visibles dans ce secteur, laisse supposer que l'emplacement de l'*Akhmenou* et les terrains adjacents à l'est avaient connu, au temps de la souveraine, de nouvelles constructions de grès. Les éléments repérés sont toutefois trop fragmentaires pour que nous puissions nous faire une idée quelconque de leur aspect.

Thoutmosis III : des agrandissements d'une importance exceptionnelle soulignant le caractère dynastique du temple (environ 1460 av. J.-C.)

Lorsque vint le temps de son règne personnel, vraisemblablement le plus marquant de l'histoire millénaire de l'Égypte, Thoutmosis III affirma par une série de transformations et d'agrandissements d'une importance exceptionnelle, le caractère dynastique du temple d'Amon-Rê.

△
Aspect actuel de Karnak avec, au milieu, le seul obélisque de granit rose subsistant de la paire de monolithes dressés par Thoutmosis I. Les ruines de son pylône subsistent à droite, surmontées par la pointe de l'obélisque qu'ajouta plus tard la reine Hatshepsout.

Les **piliers héraldiques** qui flanquaient l'entrée du reposoir de barque du « Palais de Maât » en sont la preuve éclatante : au point où Amon-Rê se lève avant d'entreprendre son voyage diurne pour visiter son univers, le roi, dédoublé en un pilier sud et un pilier nord, l'accueille pour partager sa route.

La **nouvelle paire d'obélisques** que le roi fit dresser sur le grand axe solaire, au milieu de la « cour des fêtes », entre ceux de ses ancêtres Thoutmosis I et Thoutmosis II, en témoigne également. Six grandes aiguilles de granit marquèrent ainsi la croisée des deux axes de développement du temple, conférant à l'ensemble un caractère grandiose.

Au prestige du conquérant, à qui l'Asie et l'Afrique rendaient hommage, Thoutmosis III ajouta celui du bâtisseur. L'ampleur des programmes architecturaux mis en œuvre pour embellir et agrandir la résidence d'Amon est la réponse du fils à son « père » qui lui a accordé la victoire.

Arasant les restes de la vieille cité des prêtres située sur le flanc sud, il fit creuser *le* « **lac sacré** » de la navigation divine. Le plan d'eau ainsi créé modifiait toutes les annexes fonctionnelles du temple où s'accomplissaient les tâches utilitaires de préparation du service divin. Une **nouvelle enceinte** vint protéger les nouveaux ateliers sacerdotaux et se raccorder au VIIIe pylône dont on acheva la décoration. Cette disposition ne permettait pas cependant d'accéder commodément au maître-

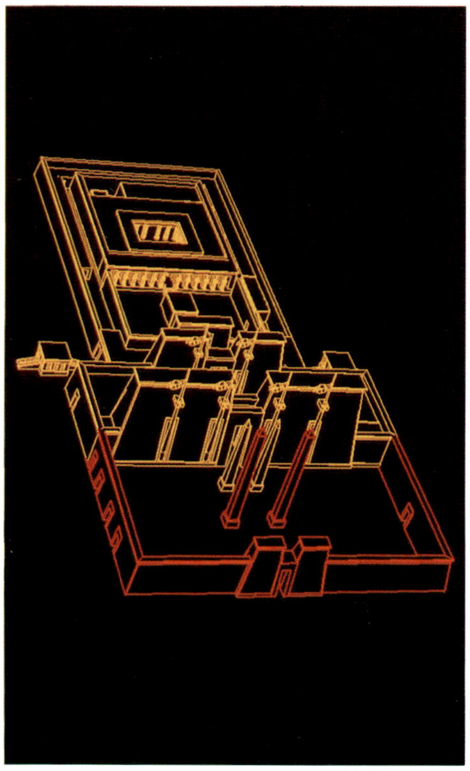

▷
Vue générale de la nouvelle extension du temple vers le Nil réalisée sous Thoutmosis II. Ce roi ajoute la grande « cour des fêtes » délimitée par un grand mur de calcaire et un petit pylône axial. Il érige au milieu de la cour une nouvelle paire d'obélisques, en avant de celle de son prédécesseur.

▷▷△
Détail de la magnifique décoration de la « cour des fêtes ».

temple pour acheminer les offrandes quotidiennes ou, qui plus est, solennelles. Aussi, en retrait du pylône d'Hatshepsout (le VIIIe), les architectes de Thoutmosis III élevèrent une **magnifique porte de granit rose** flanquée de deux môles de grès (le VIIe pylône actuel), précédée de **colosses royaux debout et de deux obélisques**. Cette nouvelle barrière sacrée délimitait un espace, une petite **cour de consécration des offrandes**. Grâce à ce plan judicieux, l'entrée des nourritures sacrées se trouvait facilitée tandis que l'apparat des grandes processions se trouvait rehaussé par

la belle porte de granit rose du VIIe pylône. Il est aisé de remarquer que ce programme architectural raccordait définitivement les deux grands axes de développement de Karnak qui coïncident avec les deux principales directions de l'univers. Thoutmosis III signa cette réalisation en construisant sur la droite (est) de la nouvelle cour de consécration des offrandes une **petite chapelle jubilaire**.

A l'intérieur de l'*Ipet Sout*, Thoutmosis III acheva la réorganisation du « Palais de Maât ». La transformation la plus étonnante de cette partie du temple concerne sans aucun doute la petite salle hypostyle appelée *Ouadjyt*, devenue sous la reine Hatshepsout une cour ouverte. Les maîtres d'œuvre de Thoutmosis III redonnèrent à ce lieu sa destination initiale en reconstruisant une salle couverte, masquant ainsi presque entièrement par des massifs construits les deux obélisques placés en ce lieu avec la hardiesse et l'habileté que l'on sait, par les architectes de sa tante. Un tel parti est dû sans doute à la volonté du souverain d'estomper les œuvres monumentales de la reine qui l'avait relégué au second plan pendant si longtemps. Ainsi, le jeune pharaon, parvenu enfin à régner sans partage, a-t-il peut-être marqué le ressentiment qu'il avait dissimulé et accumulé du vivant de sa tante. Il se peut aussi qu'il ait tout simplement cherché à « remettre chaque chose à sa

◁◁
La salle de couronnement appelée Ouadjyt *située entre les deux pylônes, était entourée de colosses dressés de Thoutmosis I, représenté en costume de fête jubilaire. Le corps du roi est serré dans un habit étroit. Le souverain porte, dans la partie sud de la salle, la couronne de Haute-Egypte et, dans la partie nord, celle de Basse-Egypte. La position géographique de ces deux types de couronnes correspond donc bien à chacune des régions indiquées. De ce fait la salle royale devient une représentation symbolique du « Double-Pays ».*

▷
La reine Hatshepsout figurée à l'image d'un véritable Pharaon sous forme masculine, face du dieu Amon. Bloc appartenant à l'édifice appelé « chapelle rouge », exposé au Musée de plein air de Karnak.

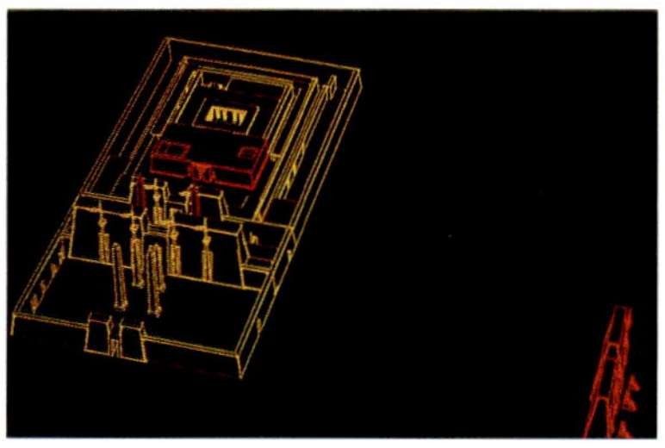

△
Modifications et extensions dues à la reine Hatshepsout.
*On distingue en rouge, à l'intérieur du temple, la transformation de certains espaces internes de l'*Ipet Sout *concrétisée par la construction d'un complexe de salles d'offrandes. Seule apparaît ici, en outre, la pointe des deux obélisques de granit insérés entre les deux pylônes préexistants. En bas à droite, il faut noter l'apparition du premier pylône construit sur l'axe processionnel sud-nord.*

place », les modifications dues à la reine Hatshepsout ayant profondément bouleversé les espaces liturgiques du temple.
Les limites du temple traditionnel s'avérant trop étroites, on l'étendra vers l'est, sur des terrains qui, sans être vierges[5], autorisent un certain déploiement architectural. En ce lieu, sous une forme qui ne devait guère varier par la suite, Thoutmosis III fit édifier le grand complexe liturgique de l'**Akhmenou**.
La disposition, les axes contrariés et l'architecture spécifique de l'*Akhmenou*, créé vers le XIVe siècle av. J.-C., ont de quoi surprendre. L'unique accès à l'*Akhmenou*, ainsi nommé dans les textes hiéroglyphiques, se situe, au sud-ouest, sous un porche surélevé flanqué d'effigies colossales du roi, unificateur du Double-Pays. Après avoir franchi le vestibule, il faut tourner au nord pour atteindre la longue salle, à nefs de cathédrale, souvent nommée « salle des fêtes ». Là se trouve en effet l'espace liturgique véritable de l'édifice, celui des cérémonies royales de grand apparat. Sa seule direction apparente est celle de ses trois nefs, soulignée par l'opposition architecturale entre les piliers carrés situés sur les flancs et les deux rangées de colonnes au sommet renflé qui rythment, du sud au nord, l'axe principal. Ce sont les « colonnes du roi » vingt fois répétées. Et les trois chapelles accolées situées sur le mur nord ne font qu'accentuer l'orientation. Cependant, le véritable rôle de l'édifice se dissimule au plus secret de ses espaces orientaux. Tandis que le mouvement architectural nous entraîne vers le nord, au centre de la file orientale des « colonnes du roi », s'ouvre une porte. On ne peut l'atteindre qu'en marchant vers l'est. Cette ouverture donne sur deux salles en enfilade qui semblent aboutir à un second sanctuaire, doublant celui de l'*Ipet Sout*. En fait, ce n'est là qu'un simulacre ; et c'est avec surprise que l'on relève dans le mur nord de la seconde salle l'existence d'une ouverture. Haut placée et inaccessible directement depuis le sol, elle constitue l'unique accès au sanctuaire mystérieux d'Amon, la crypte obscure qui abrite le secret de son rayonnement vital.
Le sanctuaire proprement dit, la chapelle d'Amon « générateur », est précédé d'une antichambre surprenante. Quatre colonnes, alignées d'est en ouest selon le symbolisme de la course solaire, expriment ici à la fois l'orientation de l'univers en ses quatre directions cardinales et le mystère de la vie végétale. Car ce que nous nommons, faute de mieux, « antichambre » était en fait le lieu symbolique où était retracée la création divine tout entière. Loin d'être les figures d'un « jardin botanique », les plantes étranges, oiseaux et animaux qui se dirigent en cortège vers le sanctuaire caché formaient un hymne de pierre rendant hommage, par leur présence au point le plus mystérieux du temple, au Principe Vital de l'Univers. Plus qu'un décor, ils étaient un symbole, celui de la régénération permanente du monde animal et végétal. En ce lieu, au temps voulu de l'année, Amon partageait, avec son « fils » Pharaon seul admis à pénétrer dans la crypte, le secret de la régénération de l'Univers et, partant de là, le pouvoir de régulation de l'ordre « naturel » de l'Égypte.
Jusqu'aux dernières heures de l'histoire pharaonique, l'*Akhmenou* joua ce rôle majeur. Plus tard, lorsque la chrétienté copte d'Égypte transforma la « salle des fêtes » en basilique, son nouveau destin liturgique fut peut-être influencé par ce passé prestigieux. Superposant aux riches couleurs du décor antique celles du Christ en majesté ou celles du nimbe des saints, les coptes voulurent affirmer la rupture religieuse, tout en conservant la destination divine et royale de l'édifice.
Les flamboyantes enluminures des signes, le bleu du ciel constellé d'étoiles d'or de cette

basilique de la Royauté partagée et du Secret de la Vie furent estompées par le temps sans être anéanties. Grâce à un long travail de restauration particulièrement méticuleux, elles revivent aujourd'hui, redonnant au plus étrange monument de l'histoire pharaonique une part de sa splendeur.
En dotant l'*Ipet Sout* de cet ensemble liturgique surprenant, en l'entourant d'une nouvelle grande enceinte de pierre enserrant annexes et magasins, Thoutmosis III donnait à la demeure proprement dite d'Amon ses dimensions définitives. En raccordant les deux axes de développement du temple, il scellait définitivement sa structure. En soulignant enfin son caractère dynastique, il consolidait le pouvoir royal en même temps que grandissait l'influence des prêtres d'Amon.

Les embellissements de Thoutmosis IV (environ 1410 av. J.-C.)

Le règne d'Arnénophis II, fils du troisième Thoutmoside, n'apporta pas de bouleversements architecturaux[6]. Karnak délaissa pour un temps le bruit des masses et des ciseaux pour ne retentir que du chant des choristes. Cet intervalle de sérénité ne se prolongea pas.

Dès son accession au trône, son successeur, Thoutmosis IV, ordonnait de faire du parvis occidental, pourtant magnifiquement pourvu de la « cour des Fêtes » de Thoutmosis II, une esplanade des cérémonies digne de la demeure d'Amon.
A cet effet, il fit construire, à l'intérieur de la « cour des Fêtes », de magnifiques **portiques aux piliers de grès** ornés de bas-reliefs peints de vives couleurs. En avant de la porte du temple, il fit bâtir un **porche** dont les textes

◁
Vue du seul obélisque d'Hatshepsout qui ait subsisté intact (hauteur 28,50 m, poids 380 tonnes). L'insertion d'un tel monolithe dans l'espace resserré que délimitaient les deux pylônes bâtis précédemment par Thoutmosis I représente un véritable exploit technique.

▽
Schéma du mouvement effectué par un obélisque au cours de son érection : le monolithe, après avoir été tiré à l'horizontale en haut d'une rampe contenant un réservoir rempli de sable, était progressivement basculé. Il suffisait en effet de vider le réservoir de sable, en contrôlant son écoulement, pour faire pivoter l'obélisque et l'amener jusqu'à son socle.

◁
Le redressement final de l'obélisque était effectué en tirant celui-ci à la verticale à l'aide de cordages. Il accomplissait une rotation sur le rebord de l'arête d'une encoche profonde creusée à la partie supérieure du socle, appelée « rainure de pose ». Celle-ci apparait nettement sur cette photographie. Il s'agit précisément de la rainure de pose d'un des obélisques d'Hatshepsout.

▷
Portrait de Thoutmosis III, l'un des plus grands pharaons de tous les temps, retrouvé lors des fouilles effectuées entre 1903 et 1906 au nord du pylône d'Hatshepsout. Il faisait partie d'un exceptionnel ensemble de 17 000 statues et objets divers du IVe siècle avant J.-C. enfoui dans un espace qui depuis cette étonnante découverte a été appelée par les archéologues « cour de la cachette ». Statue exposée aujourd'hui au Musée de Louqsor.

rappellent encore la splendeur. Ses deux colonnes papyriformes étaient plaquées d'électrum et les peintures murales de la tombe de Neferhotep montrent qu'elles supportaient un baldaquin léger, certainement construit en bois et revêtu de métal précieux. Cet embellissement devait créer sur le parvis une perspective nouvelle : devant les deux môles en grès du pylône-horizon, l'alignement rigoureux de trois paires d'obélisques de granit conduisait au porche étincelant de la porte occidentale du temple.

A l'opposé, à l'est, le souverain voulut également apporter un élément architectural significatif. Sur le parvis « d'en haut », en avant du sanctuaire adossé au mur d'enceinte oriental de l'*Akhmenou*, il érigea la seule aiguille de granit qui ne fit pas partie d'une paire, et que

l'on désigne pour cette raison, sous le nom d'**obélisque unique**[7].
Dressé au-devant du temple, à l'origine de l'axe solaire, abritant contre sa base un petit lieu de culte, ce monolithe dominait de ses trente-deux mètres de hauteur tous les édifices de Karnak. De ce fait, son pyramidion[8] plaqué d'électrum étincelait le premier, tous les matins, sous la caresse des rayons de Rê. La théorie héliopolitaine de la création du monde, caractérisée par l'émergence du tertre primitif au-dessus du chaos inorganisé

grâce à la lumière du soleil, se trouvait ainsi réaffirmée aux yeux de tous. Au bout de la nuit, au-dessus des brumes de l'aube, l'éclat du pyramidion de l'obélisque unique, première étincelle du jour naissant, reproduisait tous les matins le miracle de la « première fois ». A sa suite, quelques minutes plus tard, tous les couples d'obélisques construits sur le territoire du temple d'Amon répondaient les uns après les autres à l'appel de la lumière divine. Ce signal de lumière suffisait à appeler l'ancienne Égypte à la vie. Et tandis que le souverain se dirigeait pas à pas vers le saint des saints, le cierge à la main, pour sceller avec Amon son « père » l'alliance d'un jour nouveau, tandis que les prêtres s'affairaient pour préparer le service du matin, le peuple d'Égypte se mettait au travail.

Aménophis III, un plan de restructuration (environ 1400 av. J.-C.)

Les somptueuses fêtes d'Amon virent défiler prêtres et porteurs, acolytes et offrandes. Une foule de plus en plus nombreuse de desservants peuplait les dépendances de la demeure du dieu. A nouveau le temple connaissait l'encombrement. Aménophis III, le calme roi diplomate d'un empire éclatant de richesses et de raffinement, fit rechercher puis apporter une solution.
Alors que, sur toute l'étendue du royaume et loin au sud dans la colonie de Nubie, d'innombrables chantiers étaient ouverts en son nom, il veilla tout spécialement aux programmes thébains : ceux de la rive ouest (temple de Kom El-Heitan) et plus encore ceux de la rive arabique où se trouve Karnak. Sous la conduite du sage Amenhotep, fils de Hapou, une immense tâche fut accomplie. Louqsor, Opê du sud, fut agrandi et doté d'espaces liturgiques rénovés. Au sud du temple d'Amon-Rê, la demeure de Mout, l'épouse divine, fut reconstruite plus grande. Au nord, Aménophis III fit édifier le sanctuaire de Montou, dieu protecteur de Thèbes. Mais ces temples étaient ou devaient être reliés au

△
Aspect actuel du VIIIe pylône bâti par la reine Hatshepsout et précédé de statues colossales de plusieurs de ses successeurs.

◁
Amon-Rê embrassant « son fils bien-aimé » Thoutmosis III, représenté sur l'un des piliers « héraldiques », supports de la toiture du vestibule qui se trouvait à l'entrée du reposoir central de la barque sacrée d'Amon. Cette scène affirme le caractère dynastique que Thoutmosis III, lorsque vint le temps de son règne personnel, voulut donner au temple d'Amon-Rê.

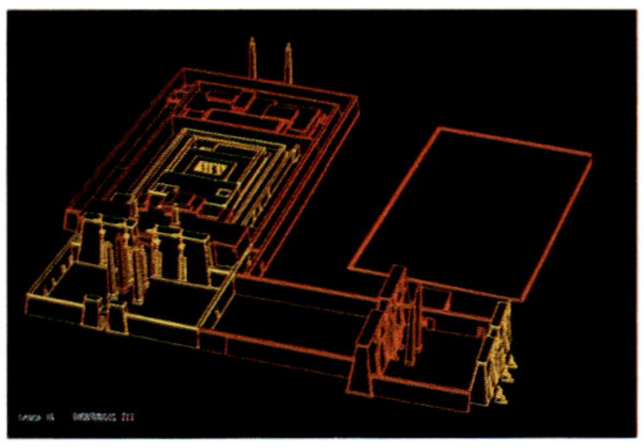

△
*Vue générale des très importantes constructions ajoutées par Thoutmosis III au temple d'Amon. Dans la cour des fêtes qui précède l'entrée axiale il érigea une nouvelle paire d'obélisques, entre celle de Thoutmosis I et celle de Thoutmosis II. Six obélisques soulignaient désormais l'importance majeure du point privilégié que représentait la croisée des deux grands axes de développement du temple. Une nouvelle enceinte vint s'ajouter aux précédentes autour du noyau central de l'*Ipet Sout. *En arrière apparaît le complexe des salles de l'*Akhmenou. *Au premier plan, un second pylône est érigé non loin de celui d'Hatshepsout et, à l'arrière, apparaît le contour du lac sacré.*

△△▷
Vue actuelle du VIIe pylône de Thoutmosis III (au premier plan) précédé des statues du roi. Derrière lui, se dresse la façade du pylône d'Hatshepsout.

△▷
*Vue générale de la « salle des fêtes » de l'*Akhmenou *telle qu'elle apparait aujourd'hui au visiteur qui arrive de la « cour du Moyen Empire ». Ce bâtiment, allongé selon l'orientation générale sud-nord, est la salle la plus importante du complexe liturgique ajouté par Thoutmosis III à l'est du temple.*

temple d'Amon où se formeront désormais les processions des sorties solennelles. Tous les accès furent dès lors réaménagés au prix d'une mutilation dramatique : la destruction de la splendide « cour des fêtes ». Les fragments de nombreuses chapelles disparurent alors dans les fondations et à l'intérieur des môles du nouvel édifice, **le IIIe pylône,** qui devint ainsi un réservoir pour les futurs archéologues.

La voie sacrée qui traversait désormais la totalité du territoire d'Amon donnait à la cour oblongue créée entre le IVe et le IIIe pylône une fonction particulière. C'était le **point de rencontre** des cortèges porteurs de barques avant la sortie solennelle du dieu. Le cortège d'Amon venu de l'est rencontrait ceux de Mout et Khonsou venus du sud. S'y ajoutaient ceux de Montou et du roi qui avaient fait route pour leur part depuis le nord. Le cortège d'Amon pouvait alors s'ébranler pour aller vers Louqsor ou vers l'autre rive. Mais la vieille voie du trajet terrestre n'avait plus le même attrait ; c'est désormais par le fleuve que se fera la sortie divine.

L'axe est-ouest prit de ce fait une nouvelle extension : sur l'esplanade recréée à l'ouest vers le fleuve, une longue galerie-colonnade

fut aménagée ; elle menait au quai-débarcadère du bassin des navigations sacrées.
Ainsi fut détruite la merveilleuse perspective créée par Thoutmosis II ; ainsi fut anéantie l'harmonieuse composition qui marquait le point de croisement des deux grands axes du temple. L'architecture devait se plier aux impératifs du rituel. Le nouvel ordonnancement des cérémonies de fête d'Aménophis III imposa donc au temple de Karnak une profonde révision architecturale et une extension irréversible vers le Nil. Dans le même temps, au sud sur l'allée processionnelle face au temple de Mout, la construction d'un très grand pylône fut entreprise.

Cet édifice est connu aujourd'hui sous le nom de **X^e^ pylône**. Sous Aménophis III, ne furent exécutés que les fondations et le soubassement du monument devant lequel furent érigés deux immenses **colosses de granit**. Ce chantier ne sera terminé qu'à l'extrême fin de la XVIIIe dynastie car le règne suivant fut marqué par une période de grands bouleversements religieux et politiques.

Aménophis IV : le schisme (environ 1330 av. J.-C.)

La magnificence du rituel de fête d'Aménophis III n'a pas séduit son fils, son légitime

△
Restitution CAO de la nef centrale de la salle des fêtes jubilaires de l'Akhmenou, édifice dont la forme évoque celle d'une basilique.

◁
Aspect actuel de la « salle des fêtes » avec ses colonnes dont les chapiteaux évoquent la forme des piquets de tente des kiosques, qui étaient utilisés aux temps anciens pour les cérémonies de couronnement et les jubilés.

▷
Bas-relief du « jardin botanique » faisant partie des frises évoquant de nombreuses espèces vivantes réunies auprès du sanctuaire d'Amon-Rê.

▽
Vision actuelle des quatre colonnes, évoquant les points cardinaux, qui supportaient la toiture du vestibule désigné aujourd'hui sous le nom de « jardin botanique », en raison de la nature de la décoration évoquant de nombreuses espèces végétales et animales.

héritier, quatrième de la lignée. Nourri de théologie solaire « à l'ancienne », imbu des principes inflexibles qui fondent le pouvoir royal et sacerdotal qu'il incarne, Aménophis IV ne voit en Amon et en sa doctrine qu'une fiction politique. Il en redoute le danger, la portée sur l'esprit docile de son peuple. Pour lui, le roi d'Égypte est l'élu de Rê, le seul être terrestre habilité à conduire vers la terre l'énergie conservatrice de la vie, celle qui émane de la lumière révélée. Un seul symbole peut exprimer ce mystère car il résume tout : le globe solaire d'Aton *« lumière de vie qui est dans son disque »*. Seule concession encore

tolérée à l'impuissance qu'éprouve l'esprit humain à figurer le divin autrement qu'à travers sa propre forme, le *Disque porteur de vie* projette celle-ci vers la terre en un rayonnement qui évoque, par des mains ouvertes, le don de sa propre substance.

La réforme des modalités du culte accompagne nécessairement ce retour à la théorie héliopolitaine. Autant celui d'Amon « le caché » était assorti d'exigences de secret, de lieux obscurs et de protections multiples, même lors des sorties solennelles dans le monde des vivants, autant celui d'Aton est ouvert, livré à la pleine clarté du jour et à la connaissance de tous. Le règne d'Akhenaton — nom adopté par Aménophis IV pour accomplir son projet — vit se développer une nouvelle architecture : des temples-cours ouverts au rayonnement solaire, de larges terrasses ou esplanades pour permettre au plus grand nombre de participer aux nombreuses cérémonies, des monuments plus petits fabriqués avec des blocs également plus petits... Un art nouveau naquit enfin : plus libre, plus réaliste, voué à l'exaltation exclusive de la vie, il est celui des *Talatats*, ces briques de grès que furent seuls à utiliser les maçons de la fin de la XVIIIe dynastie.

De nouveaux bâtiments de culte surgirent sur tout le territoire d'Égypte. Le souverain se voulait tellement « l'unique de Rê » qu'il lui

▷
Représentation CAO de l'entrée du sanctuaire d'Amon abritant le secret de la régénération de l'univers et situé au nord-est du complexe de l'Akhmenou.

▷▽
Restitution CAO de l'intérieur du sanctuaire d'Amon générateur dans l'Akhmenou. Dans la niche du fond devait se trouver une statue du dieu, mais il n'est guère possible de préciser à quoi étaient destinées les niches latérales. Ce lieu du mystère d'Amon, jadis totalement obscur, abritait le principe de vie universel.

▷▷
Il aura fallu plus d'heures aux restaurateurs modernes pour dégager de leur enveloppe millénaire les ocres unis aux bleus et aux ors, qui animaient textes et reliefs, qu'aux peintres antiques pour les réaliser.

▽
Les témoins de l'œuvre d'Aménophis II sont trop ponctuels pour justifier une visualisation générale par CAO. Le bâtiment à piliers appelé « édifice d'Aménophis II », situé dans la partie sud du site sur l'axe processionnel, bâti en grès, était orné de beaux reliefs dont beaucoup ont encore conservé une partie de leur décoration peinte.

consacra même une **ville sainte** qui sortit de terre sous son règne sur le site actuel de Tell-El-Amarna. Il poussa même l'audace — certains diront la provocation — jusqu'à construire à l'est et au sud-est de l'*Ipet Sout*, sur le territoire sacré d'Amon de Karnak, un complexe liturgique dédié à Aton. Nul doute que l'obélisque unique, symbole de la tradition héliopolitaine, joua un rôle éminent dans cette nouvelle construction.

Mais cette tentative, d'où les préoccupations politiques n'étaient pas absentes, notamment celle de se libérer de la tutelle du clergé d'Amon, échoua. A la mort d'Akhenaton, le désordre s'empara du Double Pays désorienté. Karnak rouvrit ses portes, car Amon seul, suprême recours et garant de l'unité nationale, pouvait donner à l'enfant Toutankhamon puis à son successeur Ay, l'ex divin père d'Aton, un semblant de légitimité.

Un rapide retour à l'orthodoxie autour du seigneur de Karnak, Amon-Rê, se devait de faire disparaître tout souvenir de ces vingt années de rêve libératoire.

Malgré le nombre extraordinairement élevé des blocs de grès provenant du complexe dédié à Aton (plus de trente-six mille au total), nous ne pouvons nous faire, dans l'état actuel de nos connaissances, une idée très précise de la forme des édifices construits par Akhenaton. Tous ces petits blocs de dimensions réduites (50 × 50 × 50 cm), véritables parpaings de pierre, désignés sous le nom de *Talatats*, ont la même forme et ne comportent qu'un petit fragment de scène, ce qui rend leur assemblage particulièrement

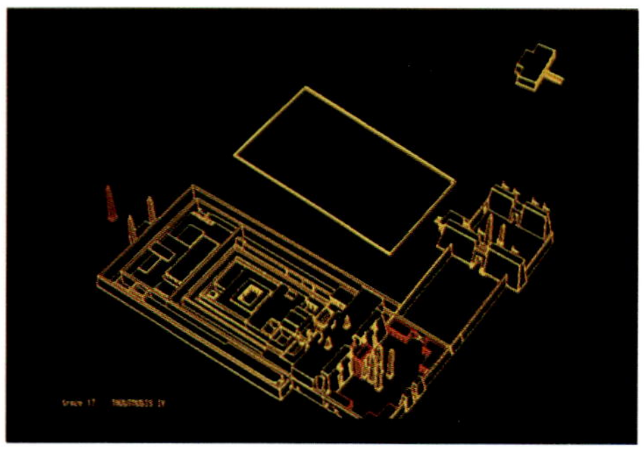

difficile. Les recherches les plus récentes consacrées à la reconstitution de ce puzzle d'une complexité extrême ne permettent que de reconstituer partiellement certaines scènes. Les résultats de ces travaux qui s'inscrivent depuis deux ans dans une opération de mécénat technologique d'Électricité de France, fondée sur une collaboration entre la Direction des Études et Recherches d'EDF et le CNRS, seront présentés en détail prochainement.

Déjà, grâce aux méthodes d'intelligence artificielle, des scènes particulièrement émouvantes et intéressantes sur le plan archéologique apparaissent. Cependant, il n'est pas permis d'espérer retracer un jour l'aspect intégral des édifices, ce qui rend ce thème inexploitable par les techniques de conception assistée sur ordinateur. De même, on ne peut tirer parti des blocs de Toutankhamon réutili-

▷
Thoutmosis IV ajoute, à l'intérieur de la « cour des fêtes » de Thoutmosis II, de magnifiques portiques de grès et un porche situé devant l'entrée du temple. Dans l'axe du temple, tout à fait à l'est, il érige un monolithe unique de 32 mètres de hauteur (510 tonnes).

▷
Bas-relief représentant Aménophis II devant Amon-Rê.

▷▷
Visage du roi Thoutmosis IV : bloc d'un des piliers de la « cour des fêtes ».

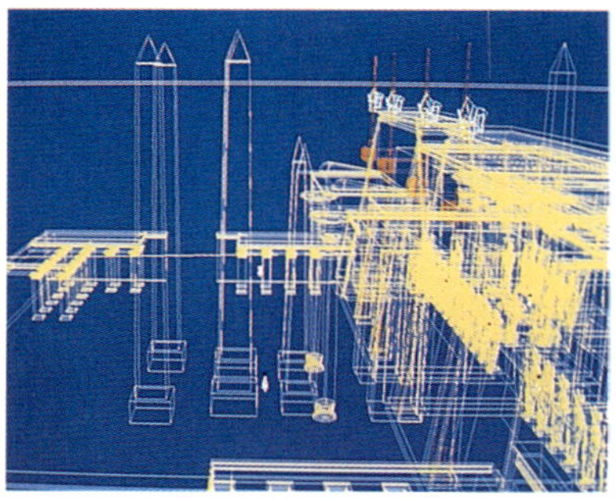

sés dans certains monuments du site. Il est d'ailleurs probable qu'ils ont été eux-mêmes prélevés dans un temple royal jubilaire qui se situait sur la rive opposée du Nil.

Aucune restitution architecturale du temple de Karnak ne peut donc être proposée, pour ces deux périodes successives, pourtant si riches en bouleversements politiques et religieux.

△△
Structure de la « cour des fêtes » après la construction des portiques de Thoutmosis IV.

△
Les six obélisques, marquant le croisement des deux grands axes du temple, érigés devant l'entrée au milieu de la « cour des fêtes » tels qu'ils se présentaient à l'époque de Thoutmosis IV.

▷
Statue d'albâtre d'Aménophis III, exposée de nos jours au musée de Louqsor.

Horemheb (environ 1330 av. J.-C.) : la restauration du culte d'Amon

Avec les bouleversements religieux du règne d'Aménophis IV, puis la disparition rapide de Toutankhamon suivie de celle de Ay qui lui avait succédé, l'Égypte avait perdu Maât, cet ordre immuable qui lui est aussi essentiel que le lever quotidien du soleil ou le retour de la crue. En accédant au pouvoir, le général Horemheb, qu'avaient jadis séduit les vues théocratiques d'Akhenaton, rétablit entièrement l'ordre politique et le culte traditionnel d'Amon-Rê.

Une idée simple allait aider l'ancien chef de la cavalerie et des armées d'Aton dans l'accomplissement de son projet de restauration : isoler d'abord Amarna du reste du monde et ramener à lui tous ceux qui abjuraient ; faire ensuite araser par les mêmes carriers et maçons qui les avaient édifiés tous les temples-cours du règne d'Akhenaton. Ce programme fut accompli sans perdre une pierre : chacune d'elle trouva sa place, cruelle ironie, dans les massifs des constructions nouvelles, édifiées par le restaurateur de l'Unité.

Une fois encore, ces constructions, rapidement mises en œuvre, furent des **pylônes**. On acheva d'abord, au bout de l'allée méridionale, le grand pylône (le Xe) commencé sous Aménophis III, et laissé à l'état d'arase à la fin de son règne. Généreusement bourré de *talatats*, il monta vite vers le ciel, rivalisant, dans sa vitesse d'ascension avec son nouveau voisin du nord, le IXe, que l'on venait simultanément de mettre en chantier.

Ces deux barrières géantes, édifiées trop vite pour être bien construites, avaient pour but de délimiter au sud un nouvel espace appelé « cour des oracles d'Amon et du passage de la barque de Khonsou ». Ces constructions marquent le terme définitif de l'extension du temple d'Amon vers le sud.

Dans le même élan, c'est sur l'axe est-ouest que se développa la plus grande réalisation monumentale d'Horemheb à Karnak. Le bassin occidental des navigations sacrées fut comblé et au bout de la colonnade d'Aménophis III, le vestibule fit place à un **pylône-horizon** haut et massif (actuellement IIe pylône). Il était composé d'un immense portail précédé d'un haut vestibule et flanqué de deux môles, dotés chacun de quatre mâts à oriflamme. Dans les môles, on plaça tout ce qui restait de *talatats* disponibles ainsi que des remplois multiples de tous ordres, transportés parfois sans précaution depuis les édifices écroulés de la rive occidentale.

L'utilisation des *talatats* comme matériaux de fondation et de remplissage des môles des trois grands pylônes construits par Horemheb n'était pas seulement dictée par le souci de faire disparaître les traces du schisme. Ces dizaines de milliers de « briques de pierre » de petites dimensions, assez légères pour être portées à dos d'homme, favorisaient le trans-

port de très gros tonnages de pierre ainsi que la rapidité d'exécution de l'ambitieux programme architectural d'Horemheb.
Une fois encore, on retrouve inscrit dans l'architecture de Karnak le souci politique du souverain régnant. En ces temps de restauration, le souci d'effacer les traces du schisme coïncidait avec le désir de construire rapidement de nouveaux édifices pour consolider

◁
Aspect général du IIIe pylône à l'époque d'Aménophis III.

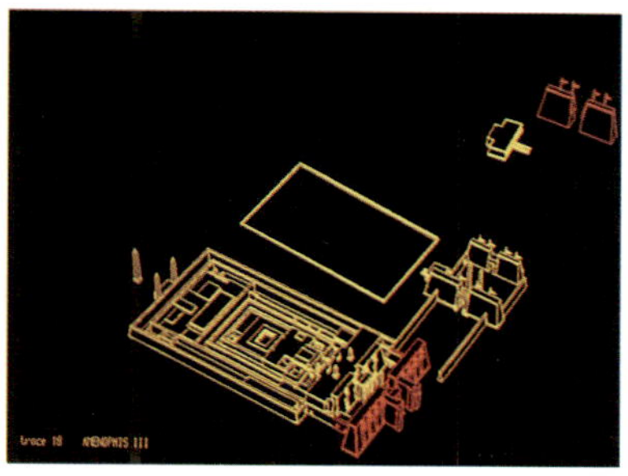

▽
La modification majeure apportée par Aménophis III au temple correspond à la destruction totale de la « cour des fêtes » et à la construction à son emplacement, du très grand pylône qui apparaît ici au premier plan. Sur l'autre axe, le roi entreprend également la construction d'un nouveau pylône, qui marquera la limite définitive de l'extension du temple vers le sud.

définitivement le culte traditionnel d'Amon. A cet égard, les *talatats* constituaient, il faut bien le reconnaître, le matériau idéal pour mener à bien cette politique.

Les Ramessides (environ 1310 av. J.-C.

Horemheb n'eut pas d'enfant ; aussi coopta-t-il le vieux vizir Ramsès dont la descendance assurait la continuité du trône.
L'époque ramesside fut marquée par de nouvelles et grandioses réalisations dont la plus étonnante est sans conteste l'immense **salle Hypostyle** installée par Séthi I (environ 1300 av. J.-C.) et Ramsès II (environ 1290 av. J.-C.) entre deux pylônes préexistants : celui d'Aménophis III (le IIIe) à l'est et celui d'Horemheb (le IIe) à l'ouest. Dans cette salle majestueuse, les colonnes de l'allée centrale, gigantesques papyrus de pierre aux tiges alignées, ouvraient leurs larges corolles sous le « ciel » d'un magnifique plafond étoilé situé à vingt-cinq mètres de hauteur. Deux rangées de fenêtres à *claustra* dispensaient une lumière généreuse dans la haute nef ainsi constituée tandis que les bas-côtés restaient dans une pénombre mystérieuse. Là, une véritable forêt de fûts supportait une couverture faite de grosses dalles de grès, percées simplement de rares ouvertures qui ne laissaient passer qu'un étroit pinceau de lumière.
Cette gigantesque salle de la royauté partagée dépassait bien évidemment en taille et en splendeur la première ébauche de Thoutmosis III incluse dans l'*Akhmenou*. Première « basilique » de l'histoire du monde, tant par la conception majestueuse et lumineuse de la nef centrale que par sa signification rituelle, elle reste, pour le touriste moderne, le haut lieu de Karnak.
Aux temps prévus de l'année, la grande hypostyle s'ouvrait aux solennités. Lors des sorties du dieu, seul l'axe majeur de la travée axiale était utilisé. Tout ce que le rituel exigeait de purifications, d'offrandes, de lectures et de chants liturgiques y était accompli. L'apparition du vaisseau d'Amon à la porte de

△
Assemblage de petits blocs caractéristiques des édifices d'Aménophis IV, appelés de nos jours « talatats ». Les études, menées à partir des 12 500 éléments de ce genre retrouvés au cours des fouilles récentes permettent de reconstituer partiellement de nombreuses scènes qui décoraient les parois des édifices bâtis par ce roi.

l'est, au moment précis où les portiers sacerdotaux manœuvraient les hauts vantaux du passage du IIIe pylône, provoquait dans la salle hypostyle une explosion de lumière. A l'inverse, en sortant sur le parvis ouest par la porte du IIe pylône, la barque d'Amon semblait émerger de la pénombre d'un marais touffu, propice à la prolifération de la vie, comme devait l'être « le marais primordial ». Aux jours fastes du règne, lorsque Pharaon devait confirmer son pouvoir terrestre auprès de son « père » Amon, le rituel de la royauté partagée empruntait d'autres lieux de la salle et d'autres directions pour son accomplissement. Selon le symbolisme de l'ancienne Égypte, au milieu de la salle hypostyle, l'axe de la terre (du sud au nord) sur lequel s'exerce le pouvoir royal coupe l'axe du ciel (d'est en ouest) sur lequel se déploie le pouvoir divin. Le centre de la salle, qui, par construction se situe à la croisée des deux axes, devient ainsi le lieu privilégié de la cérémonie du « pouvoir partagé ». L'axe divin, celui de la lumière et de l'épanouissement de la vie, est symbolisé par les majestueuses colonnes papyriformes avec leurs corolles ouvertes. Sur l'axe royal, aux colonnes fermées du sud répondent les mêmes colonnes fermées du nord : elles expriment la latence de la vie que le pouvoir royal confirmé par Amon fera surgir à nouveau dès lors qu'il s'étend à l'ensemble du Double Pays. C'est pourquoi au centre, à la charnière logique des deux Égypte, s'épanouissent les gigantesques papyrus, à la fois marques végétales de la puissance des forces vitales et roi-colonne, douze fois multiplié, qui assure l'équilibre des forces cosmiques.

En avant du IIe pylône, **deux grands colosses** de granit de Ramsès II gardaient le vestibule d'entrée de la salle hypostyle. Dans l'histoire architecturale de Karnak, l'emplacement de ces colosses de pierre, gardiens de la nouvelle entrée du temple, symbolise tout le règne de Ramsès II. Si l'Égypte en effet eut des rois guerriers, Ramsès II fut parmi eux le plus avide à le faire savoir. Justice lui soit rendue cependant, car ses victoires ou ses demi-

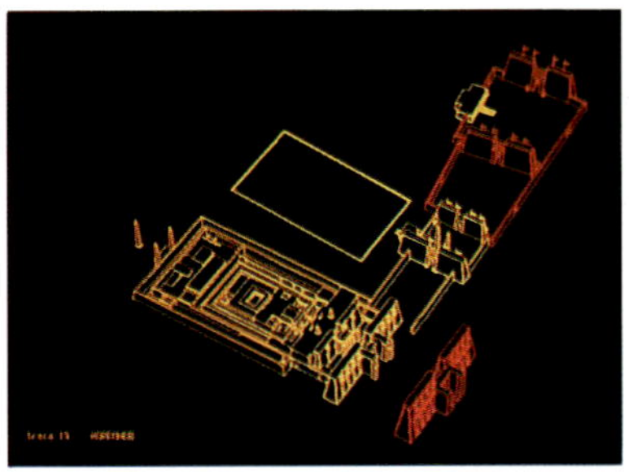

△
Visualisation par CAO des grands travaux d'Horemheb. Sur l'axe principal apparaît au, premier plan, un nouveau grand pylône et, sur l'autre, deux constructions importantes. La première, est connue aujourd'hui sous le nom de IXe pylône ; la seconde consista en l'achèvement du monument commencé par Aménophis III, le Xe pylône à l'extrémité sud du site ; toutes témoignent de l'importance des chantiers entrepris sous ce règne. Horemheb utilisa pour constituer les fondations et le remplissage de ces pylônes des dizaines de petits blocs (les talatats) provenant de la destruction des édifices d'Aménophis IV. Sur les murs latéraux des cours séparant ces pylônes, il fit graver des scènes relatant ses exploits guerriers.

△▷
Aspect général du Xe pylône commencé sous Aménophis III et achevé par Horemheb, tel qu'on le découvre de nos jours depuis l'intérieur du temple.

▷
Restitution CAO des grands pylônes de l'allée processionnelle sud-nord. Les deux premiers correspondent aux monuments achevés par Horemheb.

▷
Les constructions de Ramsès II se sont toutes concentrées sur l'axe solaire du temple. On distingue, de droite à gauche, l'allée de sphinx qui précédait l'entrée puis, entre les pylônes d'Aménophis III et d'Horemheb, la grande salle hypostyle. Tout à fait à gauche (vers l'est), apparaît le « temple-d'Amon-qui-écoute-les-prières »

défaites eurent le mérite de maintenir l'Égypte hors d'atteinte des flots successifs d'envahisseurs qui saccageaient l'Orient.
Le temps des Ramsès avait fait de Karnak un temple « complet », au moins en apparence. Il manquait cependant, à nouveau, comme à toutes les étapes antérieures, un parvis divin. Ramsès II fit donc aménager **un parvis** planté d'arbres et de fleurs. Son passage axial vers le débarcadère et le quai-tribune fut dallé pour servir de voie processionnelle et reçut son premier décor statuaire connu : **une bordure de sphinx à têtes de bélier**. Taillés dans le grès du Gebel Silsileh, ces criosphinx alliaient un corps léonin, gage de force et symbole de royauté, à une tête de bélier, expression directe de la nature génératrice du dieu.
A l'opposé, à l'arrière-plan de l'*Ipet Sout*, Ramsès II fit édifier, au pied de l'obélisque unique, le « temple d'Amon-qui-écoute-les-prières ». Il inclut ce lieu de culte dans l'enceinte sacrée et fit construire une porte monumentale — remplacée par la suite sous Nectanébo I — pour permettre aux fidèles d'y accéder. Sur le parvis de cet édifice, les suppliants, introduits dans l'enceinte par les notaires sacerdotaux, faisaient leurs dévotions et adressaient leurs suppliques au dieu suprême.
Ce lieu de culte fut extrêmement populaire jusqu'à l'époque romaine : alors même que le maître-temple tombait en ruines, le sanctuaire oriental fut constamment rénové, restauré et complété. Vers le VIIIe siècle avant J.-C., le pylône de briques de terre crue qui marquait le parvis fut relevé et un kiosque dit « éthiopien » vint s'appuyer contre sa face orientale. Ce kiosque était le siège des interprètes transmettant aux suppliants du seigneur de Karnak « juge du pauvre », les réponses du dieu.
Les soucis de politique intérieure sans cesse croissants ne donnèrent guère le loisir aux successeurs de Ramsès II et de Merenptah d'ouvrir de nouveaux grands chantiers. Séthi II (environ 1200 av. J.-C.) fut de fait le seul souverain de la XIXe dynastie, qui eut assez de temps pour faire élever au nord du parvis ramesside un édifice servant de **reposoir** aux barques sacrées d'Amon, Mout et Khonsou lors de leurs sorties en procession à l'occasion des grandes fêtes.
Sous le règne de Ramsès III (environ 1180 av. J.-C.), les Peuples de la Mer vinrent menacer, lors de leur poussée extrême dans le sud, les murs mêmes de Thèbes. Vainqueur, Ramsès III rendit grâce à Amon, sauveur de la nation, en inscrivant dans l'architecture de Karnak une construction originale. Sur l'itinéraire des processions, au flanc sud du parvis ramesside, on implanta en son nom et en son honneur une station-reposoir, véritable petit temple richement décoré.
Les deux reposoirs de Séthi II et de Ramsès III se trouvaient à cette époque sur un parvis non clos, proche du débarcadère qui permettait de communiquer avec le vaste bassin

▽
Ramsès II recevant « ses jubilés » : paroi sud de la grande salle hypostyle de Karnak.

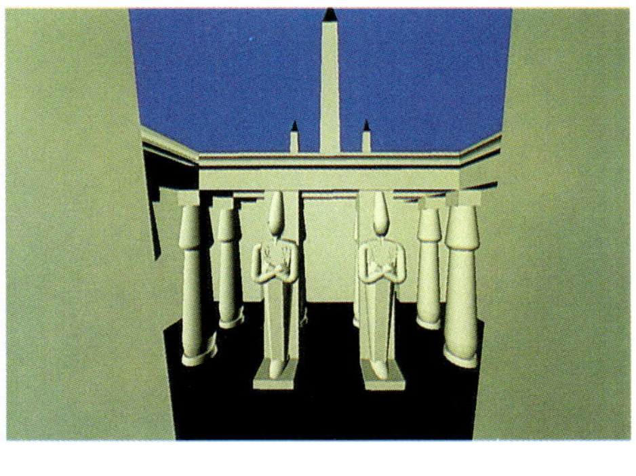

△◁
Aspect extérieur du « temple d'Amon-qui-écoute-les-prières » bâti par Ramsès II.

◁
Vue intérieure du « temple d'Amon-qui-écoute-les-prières ». On pénètre dans la cour de l'édifice face aux colosses « osiriaques » de Ramsès II qui regardent vers le soleil levant. La haute pointe de l'obélisque unique se dresse vers le ciel en dominant tout l'ensemble.

▷
Incomparable outil de représentation spatiale, la CAO offre le moyen de dessiner les différentes parties de la salle hypostyle et de les voir toutes par transparence. On distingue les colonnes à travers les pylônes et chaque époque peut être exprimée par une couleur différente. La structure complexe de cet immense édifice et sa chronologie peuvent être évoquées ainsi avec une étonnante efficacité.

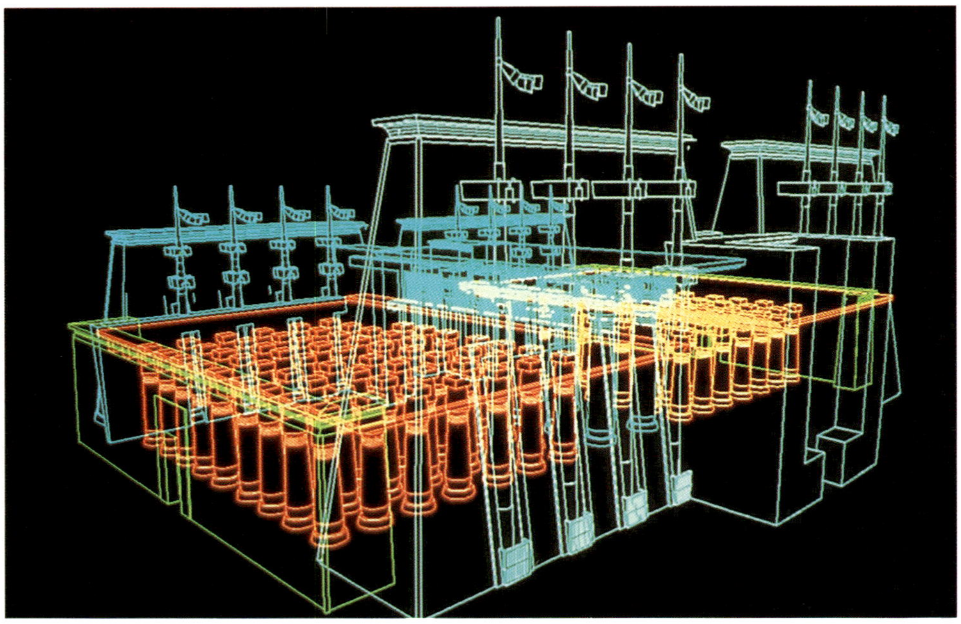

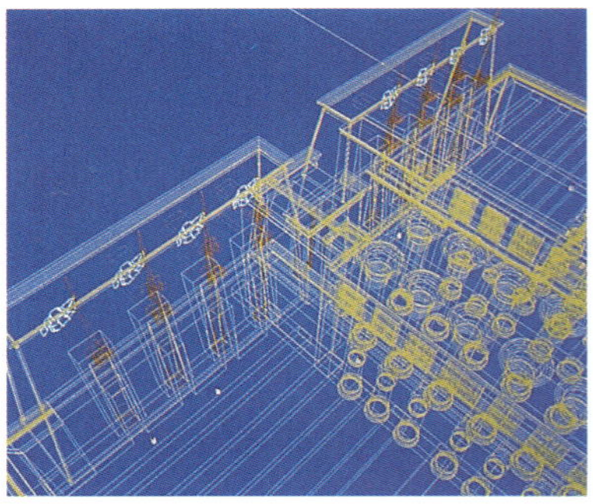

△
Etude du raccord entre le IIIe pylône et la salle hypostyle.

▷
Visualisation de l'allée centrale de la salle hypostyle.

▷▽
Les représentations « par transparence » permettent d'étudier la composition de la salle hypostyle, de souligner les lignes de l'architecture et de comprendre le jeu des volumes.

d'accès au Nil. Le grand *Dromos* bordé de « criosphinx » traçait sur ce parvis l'extrémité ouest de l'axe solaire du temple.

L'Ère des Rois Bubastides (environ 940 av. J.-C.)

La fin lamentable des dynasties issues des Ramsès ouvrit vers l'an 1000 avant J.-C. l'ère de « l'État d'Amon » où, face à un pouvoir civil défaillant, le corps sacerdotal, garanti par son statut et son autonomie, prit en main les responsabilités d'assurer la survie de l'Égypte. Nombreuses furent les péripéties du temps des « rois-prêtres », où faute de vrais moyens et d'une paix intérieure réelle, Karnak vécut en sauvant les apparences. Originaires de

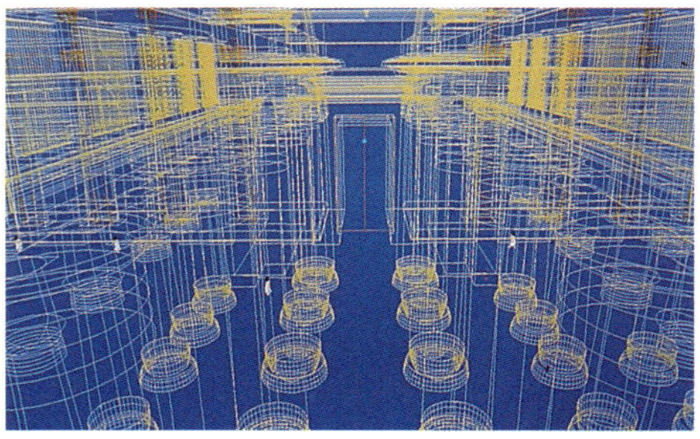

◁
Forêt de pierres aux 134 colonnes gigantesques alignées, l'immense salle hypostyle offre au visiteur un spectacle impressionnant.

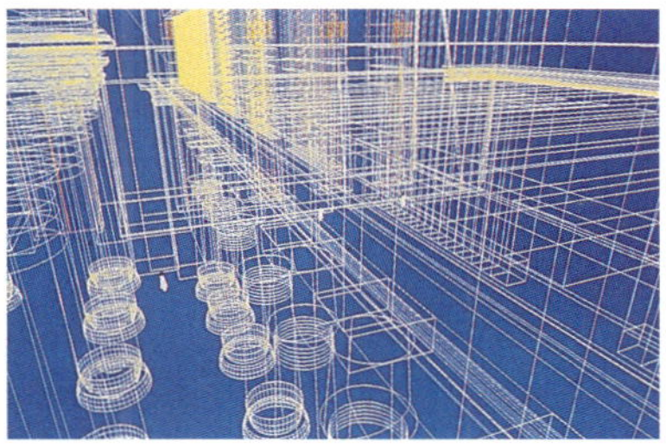

△△
Construction d'une vue représentant les fenêtres à claustra de la salle hypostyle et son expression finale réaliste. Le jeu des lumières et des ombres permet de restituer l'aspect de l'édifice, comme si on le voyait réellement du point d'observation choisi.

△
Les colonnes de l'allée centrale de la salle hypostyle soutenaient autrefois un plafond, fait de grandes dalles de pierres, situé à plus de 21 mètres de hauteur.

▷
Sphinx à corps de lion et tête de bélier, évoquant l'un des aspects du dieu Amon, faisant partie de la grande allée (dromos) qui conduisait à l'entrée de la salle hypostyle. L'effigie du roi apparait toute petite entre les pattes puissante du lion-bélier d'Amon.

▽
Restitution, par image de synthèse, de l'entrée ouest du temple d'Amon-Rê à l'époque ramesside. La barque divine portée par les prêtres emprunte l'allée bordée par les sphinx qui protégeaient l'accès de la demeure du dieu. La procession se dirige vers le pylône d'Horemheb (IIe pylône), dont les huit mâts, pourvus d'oriflammes à leur sommet, devaient atteindre près de 40 mètres de hauteur.

familles sacerdotales implantées à Bubastis dans le Delta, les rois « bubastides » décidèrent cependant, dans ce contexte incertain, de fermer le parvis occidental du temple d'Amon-Rê.

Sheshonq I (945-924 av. J.-C.) commença la mise en œuvre de ce grand projet qui comprenait l'adjonction d'une vaste cour et d'un nouveau pylône pour donner à Karnak son ultime « cour des fêtes », lointaine héritière de celle des souverains thoutmosides. Les clôtures de briques, au sud comme au nord, furent détruites et remplacées par des colonnades-portiques latérales. Si la construction de ces colonnades fut bien entreprise par Sheshonq I et poursuivie au temps d'Osorkon I (924-887 av. J.-C.), il est très probable que le nouveau pylône ne dépassa guère le niveau de ses fondations et que la porte centrale resta tout d'abord isolée ou simplement entourée d'un massif de briques crues. Les deux stations processionnelles de barque de Ramsès III et de Séthi II se trouvèrent incluses à l'intérieur du nouvel espace ainsi délimité ; le *dromos* fut coupé en deux par les fondations du plus grand pylône jamais entrepris en Égypte (connu aujourd'hui sous le nom de ^er^I pylône). Cet édifice marque la limite extrême d'extension du temple vers le Nil.

Le programme architectural des pharaons de la XXIIe dynastie constitue une étape importante de l'histoire de Karnak ; il tend, en effet, à compléter les composantes fonctionnelles du lieu du culte par le rétablissement, à l'ouest, en avant du temple, de la « cour des fêtes ». Depuis plusieurs siècles, en effet, rien de tel n'était venu remplacer la cour-parvis de la XVIIIe dynastie qu'Aménophis III avait fait supprimer. L'ampleur considérable des travaux engagés par les rois « bubastides » explique, dans une certaine mesure, que le gigantesque programme originel soit resté inachevé.

Les travaux du Roi Taharqa (690-664 av. J.-C.)

Venus du sud, de très loin, des millénaires

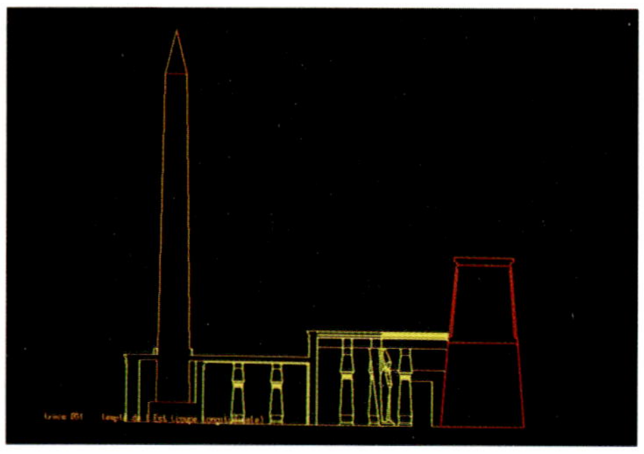

▷
Coupe longitudinale sur le temple de l'est, appelé dans l'antiquité « temple d'Amon-qui-écoute-les-prières ». Cet édifice a été construit au pied de l'obélisque unique de Thoutmosis IV qui occupe la position centrale de son sanctuaire.

auparavant, pour servir comme mercenaires dans les armées des Pharaons, les Nubiens avaient acquis droit de cité en Égypte. Pourtant, bien peu imaginaient qu'un nouveau pouvoir royal surgirait un jour du « vil pays de Kush ». Mais les desseins d'Amon sont impénétrables, même si le roi des dieux, à Napata, à Méroé, ou encore au Gebel Barkal (le Soudan actuel), insufflait peu à peu sa foi aux Kushites. Ceux-ci assimilèrent lentement la culture et la science de leurs anciens colonisateurs consolidant progressivement de ce fait leur puissance ; et le Double Pays tomba un jour entre leurs mains. Pieux et béni d'Amon, le roi Taharqa œuvra beaucoup à Thèbes pour accroître la magnificence des grandes fêtes divines, qu'il faisait célébrer selon la vénérable tradition.

Il fit ériger au milieu de la grande cour, un **immense kiosque** aux colonnes papyriformes taillées dans le grès ; en son centre, il fit sculpter un **reposoir** en albâtre sur lequel la barque sacrée d'Amon-Rê était déposée au cours des périples qu'elle effectuait à l'extérieur du temple. Pour ce faire, le pharaon fit démolir et déplacer toute une partie du *dromos* ramesside, dont l'ordonnance sur l'axe du parvis avait été probablement modifiée déjà sous Ramsès III. Les sphinx furent transférés au nord et au sud de la cour, le long des portiques, à l'emplacement où on les découvre aujourd'hui.

◁▽

Vue générale des vestiges du « temple d'Amon-qui-écoute-les-prières ». Le grand obélisque qui le dominait, abattu sur ordre de Constantin vers 330 avant J.-C., a été transporté à Rome. Il se trouve aujourd'hui, dans la ville éternelle, sur la place Saint-Jean-de-Latran.

▽

Aspect général du « temple d'Amon-qui-écoute-les-prières ».

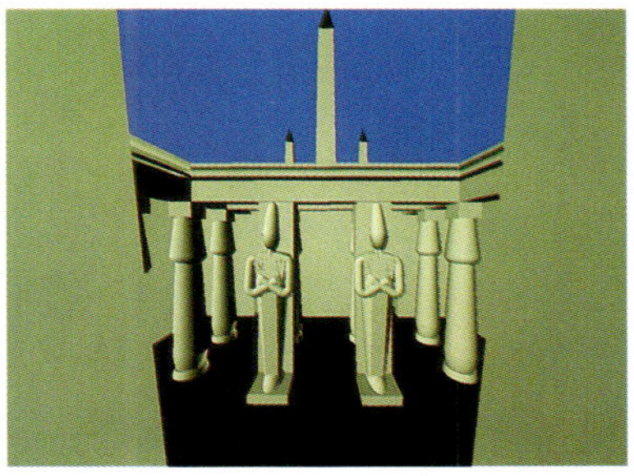

△

Restitution de la cour du « temple d'Amon-qui-écoute les prières ». On distingue les deux colosses du roi en costume de jubilé et, à l'arrière, l'aiguille gigantesque du parvis de l'est.

◁

Le reposoir de Séthi II comprend trois chapelles destinées à l'accueil des barques processionnelles de la triade thébaine. Au centre, celle d'Amon, à droite, celle de Khonsou, son fils, à gauche celle, de la déesse Mout, son épouse.

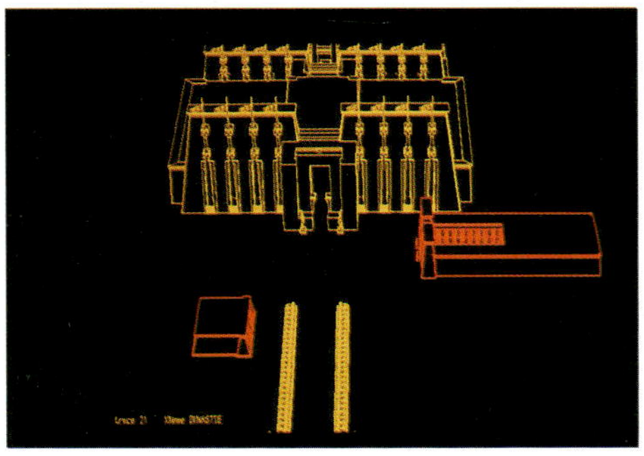

◁

Les monuments, ajoutés sous les règnes de Séthi II et Ramsès III de part et d'autre de l'allée de béliers, étaient destinés à accueillir les barques sacrées des dieux de la grande triade thébaine (Amon, Mout et Khonsou) lors des sorties solennelles.

▷
Effigie de Ramsès III : colosse précédant le temple-reposoir bâti par ce roi sur le parvis ouest du temple d'Amon-Rê.

△
Aspect du long reposoir de barque, en forme de véritable petit temple, bâti par Ramsès III, tel qu'il se présentait après sa construction.

◁
Aspect actuel de la cour du reposoir de Ramsès III.

◁
Vue actuelle d'une des colonnades de la cour des Bubastides (au nord).

L'énorme intervalle qui existe entre les très hautes colonnes du kiosque de Taharqa est trop important pour permettre techniquement de lui donner une couverture autre qu'en matériaux légers. L'énigme demeure sur la nature exacte de cette couverture et c'est avec prudence que l'on imagine, si la tradition dit vrai, que d'immenses voiles de lin descendaient des corolles des colonnes pour masquer les côtés du reposoir lorsqu'on venait y déposer la barque divine. La symbolique réelle de tels kiosques ne peut encore être expliquée, mais elle caractérise l'œuvre architecturale de la XXVe dynastie à Karnak : dans toute la région thébaine, les parvis, les cours solennelles et les principaux accès furent dotés de façon systématique de ces

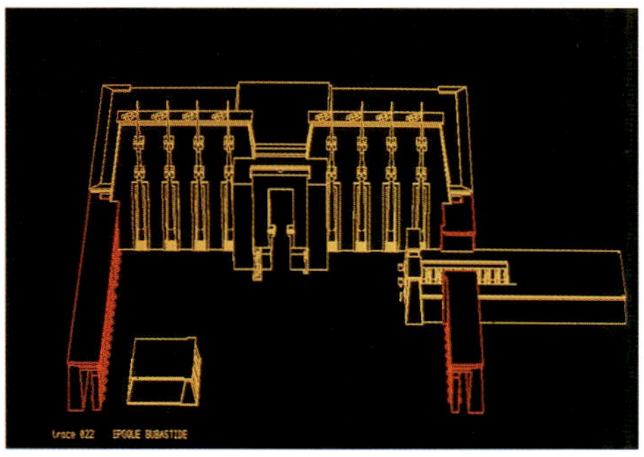

◁
Colonnades, ajoutées sous la XXIIe dynastie dite « bubastide » afin de constituer une nouvelle grande « cour des fêtes » à l'entrée du temple d'Amon-Rê.

△
Aspect actuel du vaste kiosque bâti par le roi Taharqa au milieu de la grande cour. Les deux môles du IIe pylône situé à l'arrière-plan sont aujourd'hui ruinés.

▷
Restitution CAO du kiosque de Taharqa tel qu'il se présentait dans l'Antiquité devant les môles du pylône majestueux d'Horemheb et l'entrée de la grande salle hypostyle.

« vestibules liturgiques » à colonnes. Du kiosque de Taharqa, il ne reste aujourd'hui que des vestiges sur le sol de la première cour et une seule colonne qui fut à grand peine relevée de ses ruines mais qui se dresse aujourd'hui fièrement en avant du IIe pylône, attirant irrésistiblement les photographes. La conception assistée sur ordinateur permet aujourd'hui de donner une image complète du kiosque-reposoir construit par Taharqa.

Thoutmosis III avait donné à Karnak l'eau sanctificatrice de son premier bassin sacré. Mais c'est à Taharqa que l'on doit l'extension du lac sacré de Thoutmosis III jusqu'aux limites que nous lui connaissons actuellement. Dans le grand miroir d'eau ainsi constitué, se reflétaient naguère les principaux édifices de l'*Ipet Sout* et de l'allée processionnelle. Peut-être accueillait-il aussi certaines cérémonies lacustres, où, comme cela se pratiqua plus tard, au temps des Ptolémées à Edfou ou Dendérah, des barques modèles étaient lancées sur le plan d'eau pour y accomplir des trajets rituels symboliques.
Sur le côté nord du grand bassin fut construit le petit temple-butte appelé de nos jours « édifice de Taharqa-du-lac ». Placé sur un haut soubassement, accessible seulement à l'est par une longue rampe, il possédait un puits souterrain alimenté par les eaux phréatiques. Ses cryptes souterraines abritaient la célébration d'un mystère, encore mal connu : celui de la régénération d'Amon, énergie originelle du monde, en Rê-Khepri, l'astre qui revient chaque jour à l'existence au terme de sa gestation nocturne souterraine.

Nectanébo I (380-362 av. J.-C.) : le dernier grand bâtisseur de Karnak

Les Assyriens, puis les rois égyptiens de Saïs, laissèrent Karnak aux mains de ses pontifes et des Divines Adoratrices, seul pouvoir qui gardait à l'époque une apparence de légitimité et un minimum de stabilité. Sur le parvis de l'ouest, la cour des Bubastides reçut ses dernières finitions.

Pendant près de trois siècles, qui virent passer les satrapes de Perse, les premiers Hellènes et quelques pharaons éphémères, le temple d'Amon-Rê parut un temps s'enfoncer dans la lente torpeur qui souvent précède la mort. C'est alors que fut entrepris par Nectanébo I le dernier grand chantier de Karnak : la construction de la **grande enceinte de briques crues** que nous voyons actuellement percée de ses immenses portes de grès. Travail gigantesque que celui de relever toutes les enceintes du territoire sacré, de terminer ou de construire les portes monumentales incluses dans les énormes massifs de briques crues qui ont défié les siècles jusqu'à nos jours !

Dans un dernier témoignage de foi, il reprit en plus grand et en plus beau le projet des rois bubastides : la fermeture de la cour des fêtes par un **pylône de grès** qui devait surpasser en hauteur tous ces prédécesseurs. Nectanébo I creusa, selon le rituel, la tranchée du dernier pylône de Karnak. La construction de l'appareil de grès des deux môles de l'édifice ne put être menée jusqu'à son terme. Moins de cinquante ans plus tard, l'arrivée sur les rives du Delta d'Alexandre de Macédoine interrompit le chantier. La construction, pour cette raison, resta dissymétrique et prisonnière des énormes rampes de briques crues qui servirent à le construire et qui auraient été démolies si l'on avait achevé le chantier. C'est la vision que découvre le touriste du XXe siècle en pénétrant dans le temple de Karnak.

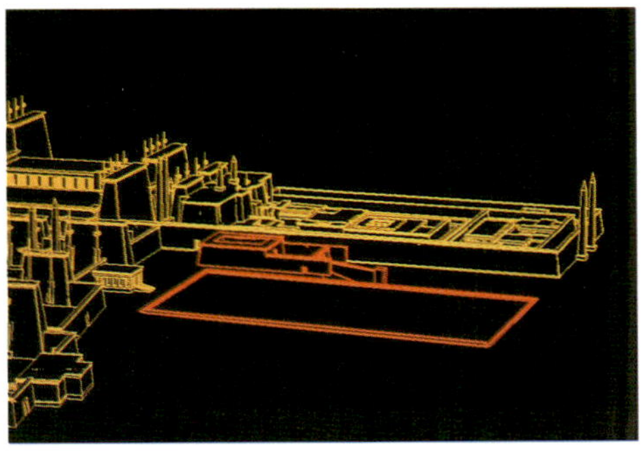

◁
Visualisation CAO de l'aspect ancien du lac sacré refait par Taharqa et du petit temple bâti par ce roi sur la berge septentrionale du grand bassin.

◁
Vue actuelle du Lac Sacré.

Peu de modifications furent apportées au temple par la suite. L'époque ptolémaïque (de 305 à 30 av. J.-C.) correspond surtout à une période de restauration des monuments. L'époque romaine (de 30 av. J.-C. à 390 de notre ère) est celle de l'édification de chapelles de très petites dimensions. Dès le règne de Nectanébo I (VIe siècle av. J.-C.), Karnak avait donc atteint ses ultimes limites. La demeure d'Amon-Rê était définitivement établie au cœur d'un quadrilatère d'environ six cents mètres de côté que délimitait la nouvelle grande enceinte de briques crues. Il allait

fonctionner plus de six siècles encore, jusqu'à l'heure des premiers pillages, survenus dès 330 après J.-C., lorsque Constantin vint lui enlever deux de ses plus beaux obélisques. La suite n'est qu'une longue phase de décrépitude. A partir du IVe siècle de notre ère s'installent, au pied de certains pylônes et à l'intérieur de l'*Akhmenou*, églises et couvents. De pauvres villages de briques crues occupent les ruines et, pendant des siècles, les blocs de pierre d'œuvre les plus divers seront arrachés, découpés, réutilisés ; avec eux seront confectionnés seuils, montants de portes, meules et mortiers utiles à la vie quotidienne d'un peuple pour qui le Christ avait balayé le glorieux souvenir d'Amon.
Les siècles ont passé sur ces ruines sacrées, mais les travaux de sauvegarde commencés en 1894 ont permis de renverser le cours de ces funestes événements.
Karnak, depuis lors, est devenu un lieu privilégié de recherche et de restauration, afin de mieux comprendre son évolution et de perpétuer ses prestigieux vestiges. La fondation en 1967 du Centre franco-égyptien d'Étude des temples de Karnak a donné à la conservation du site une dimension nouvelle. A la faveur de la reconstitution de l'histoire du site, grâce à la collaboration fructueuse entre deux équipes, l'histoire même de l'Égypte des Pharaons renaît dans ce qu'elle eut de plus essentiel : sa pensée religieuse et sa foi.

△
Jonction de deux massifs de briques crues à lits courbes constitutifs de la grande enceinte de Nectanébo I. Celle-ci atteignait à l'origine 21 mètres de hauteur et masquait complètement le temple aux regards extérieurs. L'habitant de Thèbes ne voyait que les hautes enceintes, qui étaient à l'origine crénelées, et leurs grandes portes d'accès en pierre.

▷
Vue actuelle de l'entrée du temple d'Amon-Rê, telle qu'elle peut être découverte par le visiteur.

▷
Aspect de l'entrée ouest du temple d'Amon à la fin de son évolution. Le grand pylône ouest est resté inachevé Au premier plan apparaît le quai-tribune qui naguère dominait le grand bassin relié au Nil.

Notes

1. Hyksôs : Sous cette désignation sont englobées les « dynasties » du nord de l'Égypte, instaurées par les envahisseurs d'origine proche orientale — Cananéens surtout — qui conquirent le Delta et la Moyenne Égypte à partir du XVIIe siècle avant notre ère. Sans pouvoirs dans le sud, ils ne purent le soumettre à leur domination et ce territoire devint un véritable réduit national. Vers la fin du XVIe siècle, les princes de Thèbes, cité nouvellement créée, écrasèrent militairement les derniers Hyksôs dans le nord, marquant par leurs victoires la renaissance d'un pouvoir réunifié et ouvrant l'ère glorieuse du Nouvel Empire.

2. La majorité de ces blocs provient des travaux de fouille réalisés de 1923 à 1953 par M. Pillet et H. Chevrier à l'intérieur des deux môles du IIIe pylône bâti sous Aménophis III. Il s'agit essentiellement de tous les éléments de calcite ou « albâtre » qui ont permis de reconstituer la chapelle exposée aujourd'hui au Musée de plein air et de mille blocs de calcaire dont l'étude a été réalisée en 1987-1988 par C. Graindorge et Ph. Martinez, égyptologues. Sept cents blocs ont pu être assemblés, ce qui a permis de restituer, avec précision, l'aspect général de la grande extension occidentale connue par le temple sous le règne d'Aménophis I. Nous ne pouvons présenter ici que le résultat global de ces travaux.

3. Relevés et études faits par L. Gabolde, égyptologue, en 1985-1986.

4. Les équipes qui édifièrent quelque trente-trois siècles plus tard l'obélisque de Louqsor, place de la Concorde, auraient-elles accepté, sur leur tête, de mener à bien sans dégât un tel chantier?

5. Hatshepsout y a ouvert le premier lieu de culte oriental.

6. A l'exception d'un temple jubilaire méridional et peut-être de l'édification d'un petit temple dédié à Khonsou.

7. Cet obélisque se trouve aujourd'hui sur la place Saint-Jean-de-Latran à Rome.

8. Couronnement en forme de petite pyramide situé au sommet de l'obélisque.

△
Vue aérienne de l'ensemble du temple d'Amon-Rê, montrant les édifices cultuels bâtis en pierre et la grande enceinte qui délimite un vaste quadrilatère englobant les bâtiments annexes non encore dégagés. Le temple était une véritable ville sainte, comprenant entrepôts, ateliers, école des scribes, chapelles et édifices secondaires, inaccessible au commun des mortels. Seuls les prêtres et les employés du domaine sacré pouvaient pénétrer à l'intérieur de l'enceinte.

CHAPITRE 4

Comment la conception assistée sur ordinateur teste des hypothèses

Lorsque l'archéologue se trouve confronté à son terrain d'élection, il voit une multitude d'hypothèses diverses l'assaillir de toutes parts. A Karnak, elles concernent surtout l'aspect architectural du temple et ses implications, qu'elles soient spatiales ou liturgiques. Chaque monument, chaque secteur du temple peut être restitué de diverses manières. Le chercheur doit tenir compte de chacun des éléments laissés à sa disposition par les périphéries de l'histoire : textes, fragments architecturaux ou statuaires, infimes traces qu'il convient de scruter intensément pour tenter de s'approcher le plus possible de la vérité.

Cependant, il est clair qu'à la fin de cet exercice de réflexion, rares sont les problèmes totalement résolus. Après avoir chassé d'un revers de main les rêves les plus débridés qui encombraient son esprit, le chercheur doit encore affronter un bataillon d'hypothèses plus ou moins plausibles. L'archéologue doit alors avoir en sa possession un moyen sûr pour éprouver chacun des concurrents. Celui-ci prend, en général, la forme de croquis peu artistiques qui sont loin d'être satisfaisants pour l'œil et pour l'esprit. Il ne reste plus, ensuite, qu'à dessiner soigneusement chacune des hypothèses, à leur donner corps, à faire passer ces abstractions à un état construit se prêtant plus facilement à la critique. Chaque dessin n'offre cependant qu'une facette du problème à résoudre et cet exercice apparaît vite comme une perte de temps et d'énergie... Le rêveur se prend alors à songer à une restitution en trois dimensions et grandeur nature sur le terrain. Dans d'autres cas, il se surprend en train de démonter un à un par la pensée les édifices antérieurs qui le gênaient dans ses efforts de reconstruction...

La conception assistée sur ordinateur offre, enfin, au chercheur les moyens de ramener aux dimensions du réel ses visions oniriques. Il lui suffit maintenant de prendre en compte une fois pour toutes chacun des éléments de sa problématique, sous forme de paramètres et de coordonnées spatiales. Il lui est ensuite possible d'agencer ces éléments suivant une multitude de schémas qui peuvent être corrigés, changés, vérifiés à chaque instant. Les moyens informatiques donnent enfin une vision en trois dimensions qui remplace avantageusement une restitution réelle.

A titre d'exemple, nous présenterons ici trois des interrogations principales qui existaient lors de la création de la maquette virtuelle de Karnak et les solutions auxquelles la concep-

◁◁
Vue actuelle de la Ouadjyt où apparaît, à l'arrière-plan, l'un des obélisques érigé par la reine Hatshepsout à l'intérieur de l'espace transformé momentanément en cour.

tion assistée sur ordinateur a permis d'aboutir.

Le temple du Moyen Empire[1]

Les débuts de l'histoire du temple sont restés pratiquement terre inconnue pour la majorité des égyptologues. D'un monument construit avant le Moyen Empire, il est certes impossible de définir sur le terrain autre chose que son éventuel contour. Tout au plus peut-on imaginer alors une petite chapelle principale au personnel réduit. Cependant, les restes qui ont été conservés du temple de la XIIe dynastie sont assez nombreux et magnifiques pour suggérer l'existence d'une fondation de premier ordre et pour faire naître le désir d'en reprendre l'étude.
Jusqu'à ce jour, pourtant, aucun inventaire complet des sources n'avait été véritablement dressé. Les quelques « restitutions » suggérées n'indiquaient que l'emplacement présumé de ce temple primitif et seuls des plans sommaires avaient pu être proposés[2]. Les premières vraies restitutions courageuses de Borchardt semblent, de plus, avoir été littéralement « pillées » par la suite. Les erreurs provoquées à l'époque par l'absence réelle d'éléments d'information ont été ensuite complaisamment reprises sans jamais vérifier sur le terrain le bien-fondé des hypothèses de l'archéologue allemand.
Pourtant, en liant au contexte archéologique les rares témoins architecturaux préservés, il a été possible d'élaborer de nouvelles propositions plus solides. Au moment où la Direction des Études et Recherches d'Électricité de France apportait aux chercheurs du Centre franco-égyptien d'étude des temples de Karnak son savoir-faire en CAO, ses technologies de pointe et ses puissants moyens de calcul, le défi devait être à nouveau relevé : redonner vie et existence au temple primitif, au « noyau » à partir duquel le Karnak que nous connaissons avait pris corps, puis s'était développé, selon une croissance analogue à celle d'un être vivant.
Pour ce faire, il convenait tout d'abord d'établir une documentation claire et précise. Les éléments conservés avaient eu tendance à « se multiplier » au fil des publications, de façon tout à fait miraculeuse. Les piliers de Sésostris I semblaient devoir encombrer plusieurs magasins. En fait, après une enquête minutieuse, ces piliers se révélèrent être au nombre de quatre, plus quelques fragments. L'un d'eux, qui n'est d'ailleurs qu'un moignon, a visiblement été « découvert » plusieurs fois, durant la trouble histoire archéologique de la cour de la « Cachette ». Ce fragment, retrouvé en position verticale par Legrain, poussa ce dernier à y voir un élément architectural en place et à postuler l'existence d'un édifice du Moyen Empire dans cette cour. Cette hypothèse de travail fut ainsi promue rapidement au rang de certitude et cette dernière hante encore les rares publications traitant de cette période. Le contexte archéologique de la cour de la « Cachette » montre clairement cependant, que le sol est constitué d'un remblai, souvent bouleversé, ensevelissant, pour la plus grande fortune des égyptologues, des milliers de témoins de toutes les époques.
Les fragments du Moyen Empire font, en réalité, partie d'un lot disparate qui comprenait des témoignages du Moyen Empire, de la XVIIe dynastie et du règne d'Aménophis I. D'autres documents, remontant au règne de Sésostris I, avaient été découverts dans la grande salle hypostyle ou encore devant le VIe pylône. L'emplacement des trouvailles ne pouvait donc être considéré comme une preuve de la localisation initiale du temple. Il fallait chercher ailleurs.
Une certitude indiscutable était pourtant acquise dès les travaux de Borchardt. Un vaste vide que l'on nomme « cour du Moyen Empire », situé au cœur du temple, était la trace

◁◁
Un espace vide, désolé, désespérant et appelé simplement « cour du Moyen Empire » est tout ce qui reste aujourd'hui du lieu le plus secret du temple. Là a subsisté, jusqu'à la fin de l'antiquité, le sanctuaire qui avait été bâti dès l'époque de Sésostris I.

△
Bas-relief du couloir de la « jeunesse » de Thoutmosis III, espace appelé ainsi à cause du texte gravé où le roi révèle comment lui fut promis, alors qu'il était encore enfant, le trône d'Egypte. Certains des motifs sculptés sur ces murs de grès reprennent ici le thème de la décoration qui avait été autrefois celle des murs de calcaire du temple de Sésostris I. Le lion, symbole royal par excellence et incarnation des deux horizons du pays, est figuré sous le trône où siège le souverain.

△
Restitution CAO de l'aspect du temple du Moyen Empire. On reconnait le portique à piliers décorés de colosses « osiriaques » de Sésostris I qui rythme la façade.

▷
Aspect du portique supérieur de la façade du temple de Deir-el-Bahari, avec ses colosses « osiriaques » à l'image de la reine Hatshepsout.

▷▷
Fragments du temple de Sésostris I où apparaît l'un des bas-reliefs qui sera reproduit plus tard par Thoutmosis III. (Musée de plein air).

négative laissée par le « temple des origines » qui, constituant la fondation la plus sacrée, avait été conservé, tant bien que mal, par les souverains égyptiens, jusqu'à la fermeture du temple d'Amon-Rê. Les chaufourniers du Moyen Âge firent bon marché de ces merveilles de calcaire pour en blanchir leurs pauvres maisons. Les quelques points d'accroche conservés à l'ouest du « palais de Maât » incitaient à restituer un mur à fruit sur cette face et à présumer l'existence de plusieurs portes axiales vers l'est.
Les vestiges de construction miraculeusement préservés dans le IIIe pylône ou la cour de la « Cachette » faisaient donc partie d'un ensemble démonté par les pharaons eux-mêmes en des temps ultérieurs. Par chance, les quelques éléments conservés se raccordent et forment un tout significatif. Il s'agit de l'angle d'un édifice pourvu de piliers carrés, présentant, en façade, des colosses « osiriaques » adossés. Ces piliers au nom de Sésostris I appartenaient à un état du temple inconnu où ils avaient dû occuper, sur le parvis occidental, une place privilégiée précédant le saint des saints.
Où pouvait-on les situer et à quel type d'appareil les rattacher? Un début de réponse fut trouvé à la faveur de l'examen soigneux des reliefs d'une paroi de la face méridionale du cœur du temple, en un point que l'on nomme couloir de la « Jeunesse » de Thoutmosis III. Ces reliefs furent identifiés comme formant un tableau qui n'était qu'une copie très fidèle d'un original du Moyen Empire[3], que les fragments provenant de l'édifice à piliers de Sésostris I avaient, une fois assemblés, permis de reconnaître. Cette correspondance indiquait l'emplacement précis de la façade de Sésostris I, tout en expliquant l'histoire de cette partie du temple. La destruction ou, plus exactement, la démolition pierre à pierre du « vestibule royal » antérieur est survenue sous le règne de la reine Hatshepsout. Plus tard, Thoutmosis III avait fait reporter, sur les parois neuves de grès du couloir de la « Jeunesse » les thèmes de l'audience royale solennelle en suivant pas à pas le modèle de son illustre prédécesseur.
A ce stade, si l'on pouvait situer la façade du lieu saint des origines et en préciser la position par rapport à la « cour du Moyen Empire », rien ou presque n'apportait d'information quant à l'aspect de la demeure divine la plus ancienne. Il fallut faire appel à des données de comparaison provenant d'édifices plus récents de la région thébaine. En procédant à des sortes de « greffes » successives d'éléments comparables, il devenait possible de bâtir des hypothèses et de les affiner progressivement.
Un premier témoin s'offrait lui-même à la comparaison: le portique à colosses « osiriaques » qui occupe la partie avant de la troisième terrasse du temple de Deir el-Baha-

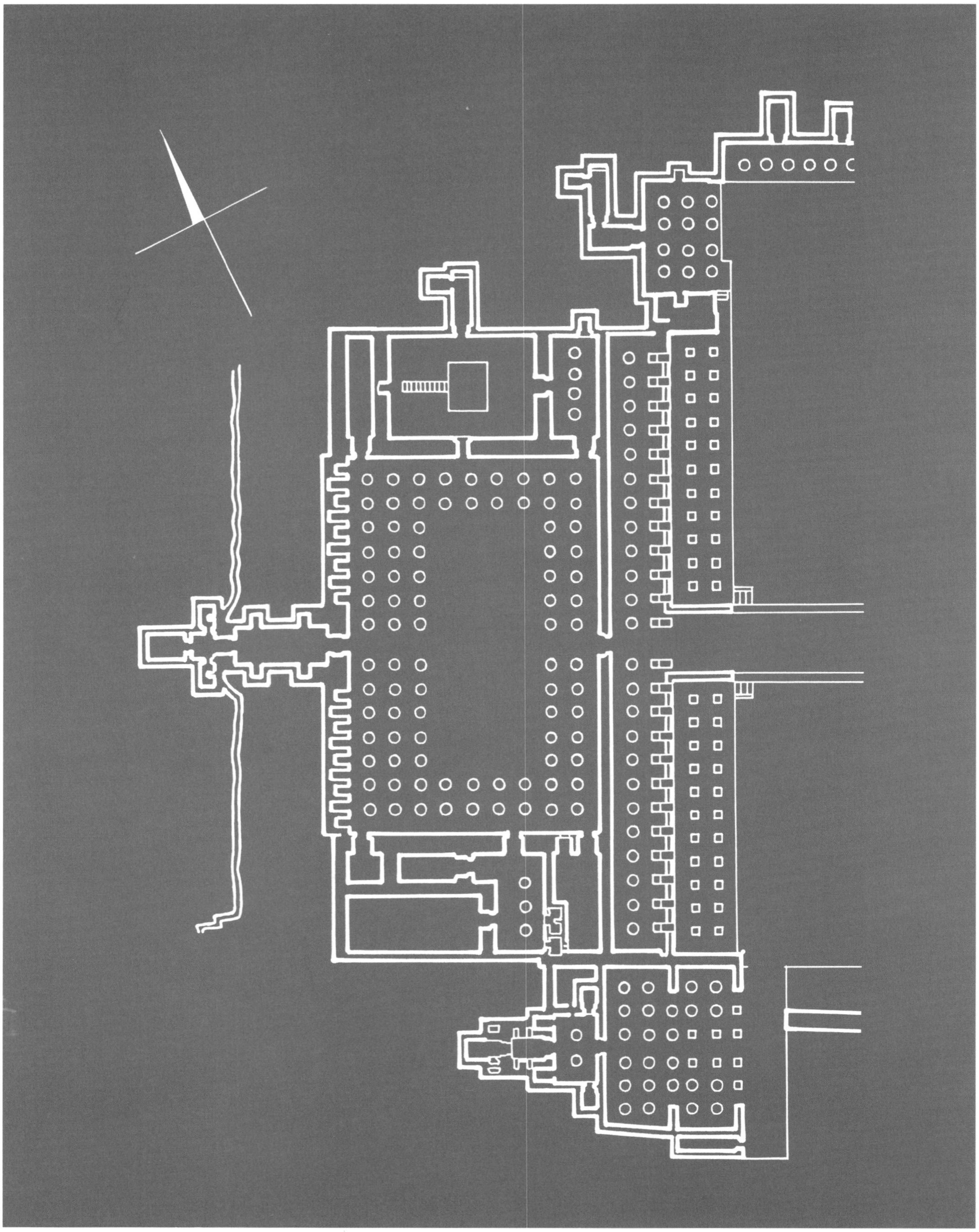

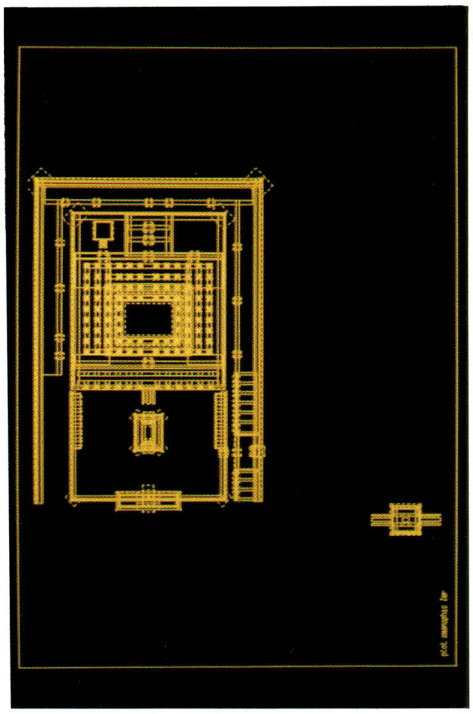

◁◁
Plan de la troisième terrasse du temple de Deir-el-Bahari.

◁
Plan du temple de Sésostris I : première hypothèse inspirée par la disposition architecturale de la troisième terrasse du temple de Deirel-Bahari.

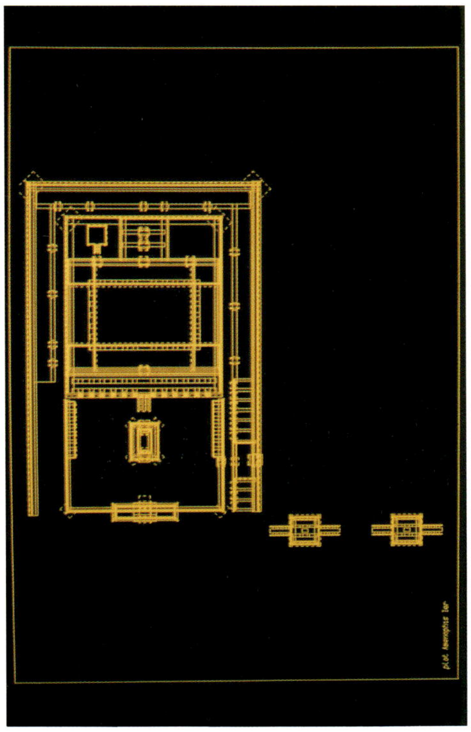

◁
*Plan du temple de Sésostris I : seconde hypothèse inspirée de la disposition architecturale de la salle des fêtes jubilaires du complexe de l'*Akhmenou *à Karnak.*

ri, bâti sous Hatshepsout, suggère une ressemblance avec la reconstitution de celui du temple du Moyen Empire. Selon les restitutions des archéologues et architectes de la mission polonaise, le portique d'Hatshepsout précédait une salle hypostyle à cour centrale aux ouvertures latérales supportées par des colonnes à seize pans. Des fragments de colonnes de grès du même type, portant le nom de Sésostris I, furent retrouvés à Karnak. De plus, les dimensions respectives de l'hypostyle de Deir el-Bahari et de l'espace formant la partie antérieure de la « cour du Moyen Empire » sont très proches. A Deir el-Bahari, l'hypostyle est suivie de trois salles en enfilade auxquelles semblent répondre les trois seuils de granit de la « cour » de Karnak. Ainsi pouvait-on fonder une première hypothèse relative à l'architecture, des origines du « temple », par comparaison avec la disposition de la troisième terrasse du temple de Deir el-Bahari.

Une seconde hypothèse, émise par Paul Barguet, méritait, elle aussi, d'être prise en compte. Pour ce dernier, en effet, la structure de l'édifice de Thoutmosis III appelé *Akhmenou* ne fait que reprendre les éléments du temple du Moyen Empire en les arrangeant suivant un nouveau schéma fonctionnel. Bien que la façade de l'*Akhmenou* soit restreinte, réduite à celle de son accès par le sud, elle est munie de colosses « osiriaques ». De plus, la scène d'audience royale solennelle était aussi présente sur la paroi sud de l'*Akhmenou*, restituée par A.H. Gardiner. On peut observer que la « salle des fêtes » de l'*Akhmenou* reprend l'espace central à supports du temple du Moyen Empire, avec, cependant, une transformation : dans l'*Akhmenou*, les supports sont de deux types : piliers carrés et colonnes à sommets renflés en forme de « piquets de tente ». G. Haeny, dans son étude sur les salles hypostyles[4], voulait y voir la transposition d'une cour à piliers, dans laquelle on avait dressé des piquets pour soutenir un velum, lors de certaines fêtes.

L'*Akhmenou* possède encore, tout comme le temple de Deir el-Bahari, un sanctuaire formé par trois salles axiales en enfilade. De la même façon, des salles « sokariennes » et solaires se trouvent dans les deux édifices respectivement au sud et au nord du sanctuaire placé sur l'axe est-ouest. Des éléments d'un autel solaire, conservés dans le dépôt lapidaire de Karnak dit du « Cheikh Labib », semblent clairement remonter au Moyen Empire et présenter des caractères analogues à ceux de leurs équivalents connus dans les chapelles solaires, soit de Karnak, soit de la rive occidentale de Thèbes. Ces différents éléments conjugués forment un faisceau cohérent de données susceptibles de trouver place dans

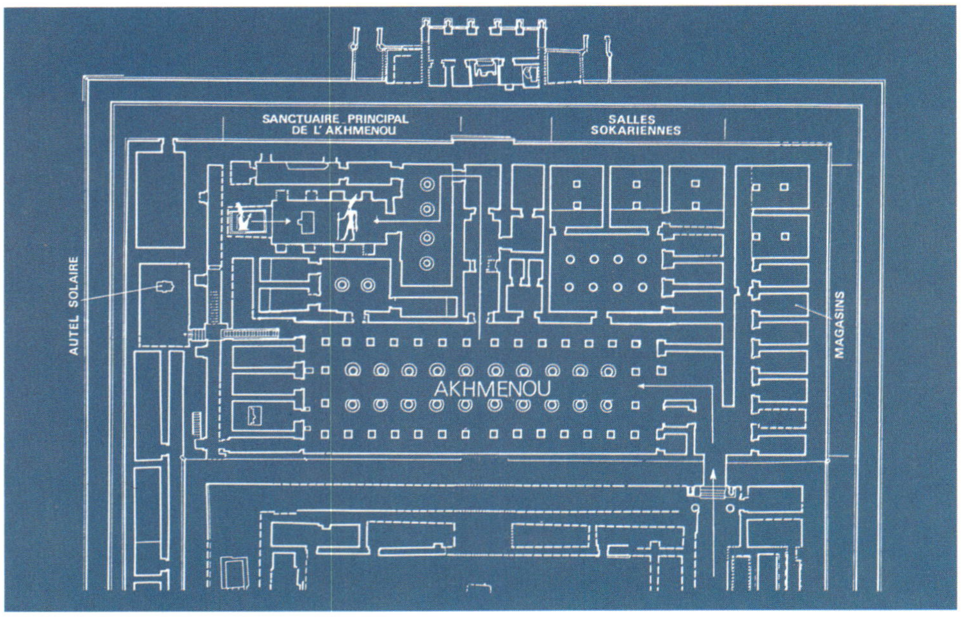

▷
*Plan de l'*Akhmenou *de Thoutmosis III.*

▽
Aspect général du temple du Moyen Empire : première hypothèse.

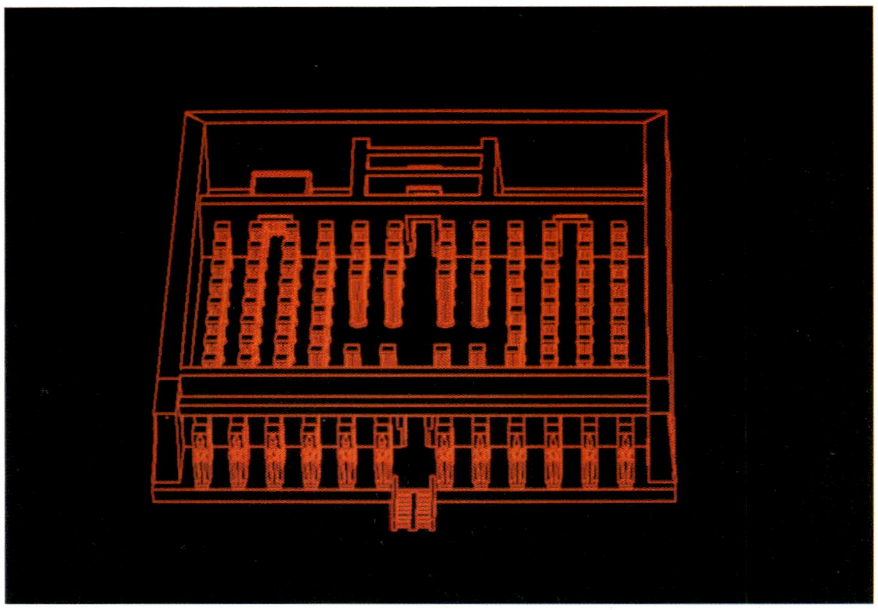

les espaces vides de la « cour du Moyen Empire ». A un sanctuaire axial auraient répondu, au sud et au nord, deux composantes liturgiques reposant théologiquement sur des doctrines connues qui, traditionnellement, font de l'abri divin une réplique de l'univers où doivent être inscrits les axes du monde. Ainsi, se trouvait fondée une deuxième hypothèse relative à l'architecture du temple des origines par comparaison avec la disposition de l'*Akhmenou*.

La conception assistée sur ordinateur intervenait à point pour faire passer à l'épreuve du dessin calculé à trois dimensions la validité des hypothèses en présence.

La première, fondée sur le parallèle avec la troisième terrasse de Deir el-Bahari, envisage l'enchaînement suivant : un double portique de façade orné de colosses « osiriaques » ; une hypostyle aux colonnes à seize pans, pourvue d'une cour centrale ; trois salles en enfilade menant au sanctuaire ; la salle solaire munie d'un grand autel d'offrande orienté placé au nord ; un complexe « sokarien » au sud.

La seconde hypothèse retient une reprise des dispositifs du temple primitif dans l'*Akhmenou* de Thoutmosis III et montre une disposition générale semblable. L'hypostyle y est cependant remplacée par une cour entourée d'un portique à piliers et le dispositif d'ensemble est réparti selon des axes différents. Ces deux propositions, dont le contenu s'avère conforme aux traditions architecturales des édifices du culte divin de l'Égypte pharaonique, sont celles qui ont été retenues ici. Toutefois, pour la répartition des espaces internes, d'autres solutions peuvent être proposées : elles serviront de bases à une recherche évolutive fondée sur des moyens informatiques qui permettent sans cesse de modifier la problématique, de critiquer, corriger, vérifier, comparer les diverses hypothèses. Mis en présence de volumes à trois dimensions, l'égyptologue pourra désormais analyser des faits, et non plus des idées hypothétiques. Une nouvelle voie de réflexion plus riche et plus pertinente se trouve ainsi ouverte.

Les différents stades de construction de la Ouadjyt

L'*Ouadjyt*, salle située entre les IVe et V^e^ pylônes bâtis sous Thoutmosis I est une des parties majeures d'*Ipet Sout*, demeure privée d'Amon-Rê de Karnak. Lié étroitement aux origines à la royauté et au couronnement, ce monument édifié par Thoutmosis I fut sans cesse transformé durant le début de la XVIIIe dynastie. Chaque souverain y apporta sa marque, détruisant certaines parties ou en rajoutant d'autres, changeant profondément le caractère architectural de cet espace mais aussi son rôle dans la liturgie. L'histoire tourmentée de ce lieu essentiel a été à l'origine des problèmes les plus ardus posés par la campagne de restitutions entreprises en vue de la réalisation de la maquette de Karnak[5]. L'aide de l'informatique dans cette phase décisive de la recherche a permis de concevoir plus clairement cette évolution en vérifiant certaines hypothèses émises durant les travaux d'approche.

Lorsqu'il fait implanter deux grands pylônes de pierre devant les monuments construits par Sésostris I et Aménophis I, Thoutmosis Ier déplace l'entrée du temple d'Amon vers l'ouest et la magnifie par la taille imposante donnée au IVe pylône. Il crée aussi un nouvel espace qui sera entièrement dévolu aux rites royaux. Ce faisant, il poursuit la politique architecturale d'Aménophis I dont il termine certains monuments ; il est surtout à l'origine d'un mouvement de croissance vers l'ouest qui ne verra sa fin qu'avec la fermeture du temple d'Amon plusieurs siècles plus tard.

L'espace situé entre les IVe et V^e^ pylônes est entouré d'une série de colosses royaux (« osiriaques ») qui représentent la fonction royale dans une éternelle régénération. La salle reçoit d'abord le nom de *Iounyt*, « salle à piliers-*ioun* ». Cet espace qui accueillait la consécration du souverain par les rites du couronnement devait être couvert. Sous Thoutmosis I, la toiture est soutenue par une seule rangée axiale de piliers, dont quelques-unes des bases de calcite ont été conservées. Les portées entre les colonnes sont cependant trop importantes pour permettre une couverture faite de pierre. De plus, un espace découvert semble exister devant la porte du Ve pylône à cette époque.

Pour une raison qui reste encore inconnue, Hatshepsout, fille bien-aimée de Thoutmosis I, bouleverse totalement ce dispositif. Elle fait détruire toiture et piliers et installe par un tour de force technique deux hautes aiguilles

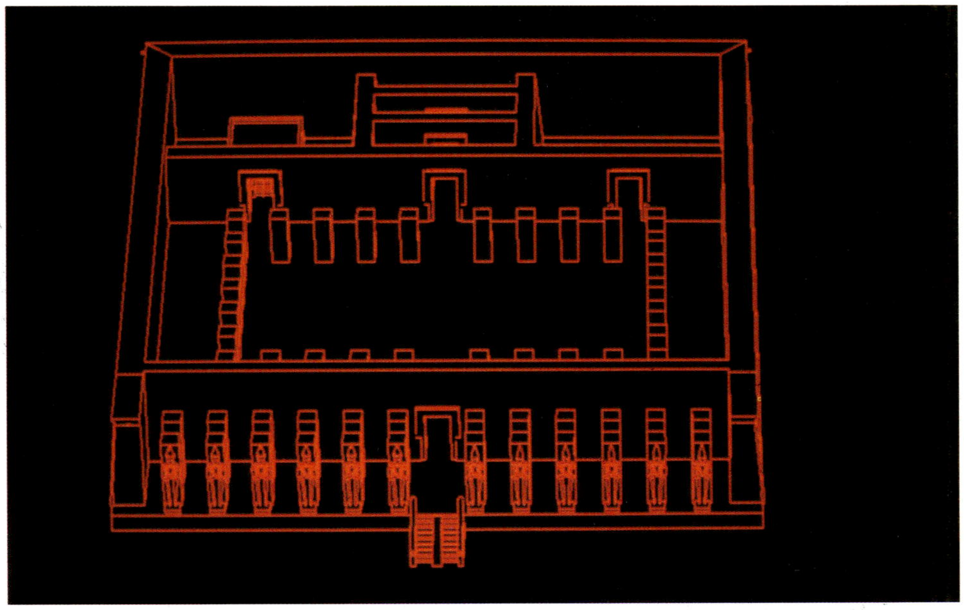

◁ *Aspect général du temple du Moyen Empire : seconde hypothèse.*

◁ *Vue aérienne du temple d'Amon-Rê permettant de localiser la* Ouadjyt*, correspondant à l'emplacement du grand obélisque de la reine Hatshepsout qui se dresse toujours majestueusement au milieu des ruines, entre les restes des deux pylônes bâtis par Thoutmosis I (IVe et V^e^ pylônes).*

▷
Restitution du premier état de la Ouadjyt, *correspondant au règne de Thoutmosis I. Il s'agit d'un espace en grande partie couvert ne comprenant qu'une seule rangée de colonnes.*

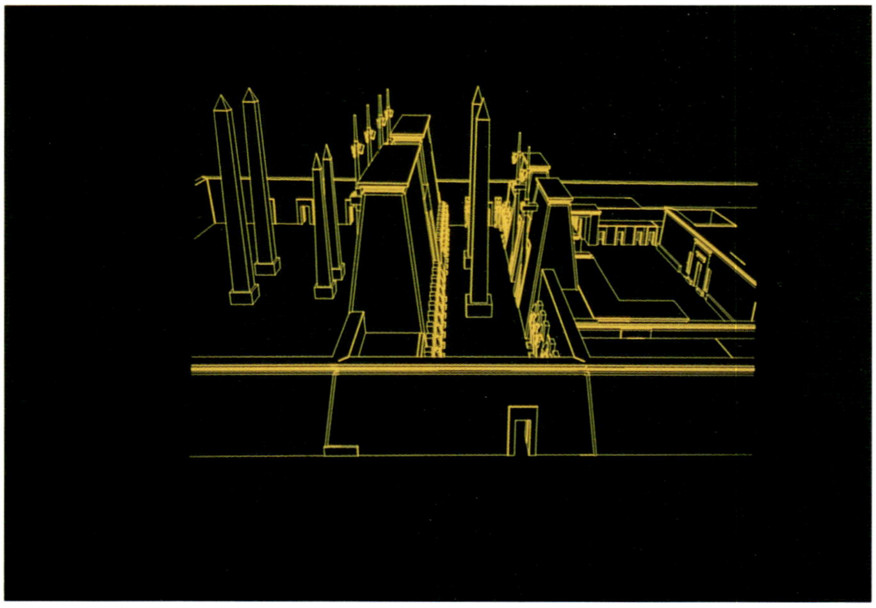

△ ▷▷
Deux des restitutions CAO du deuxième état de la Ouadjyt *après les transformations effectuées par la reine Hatshepsout.*

de granit entre les deux pylônes de son père. Surmonter une telle difficulté ne peut relever d'un caprice architectural. Implanter ainsi deux obélisques dans une partie interne du temple doit changer totalement la destination rituelle de cette partie de l'édifice. Selon une proposition de R. Vergnieux, les obélisques marquent, en fait, une limite dans les espaces cultuels. C'est une frontière entre le monde des humains et le domaine du dieu que seul Pharaon et les prêtres peuvent franchir. En implantant ses monolithes plus à l'est, Hatshepsout repousse cette limite. Il faut donc imaginer une cour entre deux hautes masses de pierre, entourée de colosses royaux et au-dessus de laquelle culminent deux immenses aiguilles de granit. Ce dispositif architectural ne demeure cependant qu'une étape, presque sans lendemain.

En effet, son successeur, Thoutmosis III qui, dans toute l'œuvre architecturale de son règne, imprime la marque du retour à la tradition, fait rendre à chaque chose sa place. L'*Ouadjyt* revient à sa première destination. Le souverain ne désire cependant pas réitérer l'exploit technique des architectes de sa tante. Abattre les deux obélisques s'avérerait sûrement encore plus difficile que leur érection. Tout glissement mal contrôlé d'une telle masse pourrait mettre en danger un pylône ou une rangée de colosses. Les masses à déplacer sont énormes. Il fait alors « emballer » les deux obélisques dans un habillage de pierre qui prend, de chaque côté de l'axe divin est-ouest, la forme d'un môle taluté percé d'une porte centrale. Thoutmosis III implante ainsi une nouvelle porte monumentale, tout en cachant la partie inférieure des obélisques au regard des fidèles et des prêtres. Ils perdent ainsi toute réalité. Seule leur partie haute dépasse au-dessus des toits, mais la masse du IVe pylône n'en dévoile de loin que le sommet. L'*Ouadjyt* peut ainsi redevenir une salle royale couverte. Thoutmosis III et ses architectes optent pour une couverture « d'éternité » dont les dalles et les architraves sont faites de pierre, remplaçant celle qui, d'après les textes, était faite de pin. Ils projettent, dans le « bras » nord de la salle l'installation de trois paires de colonnes papyriformes et de quatre paires au sud. Les portées sont ainsi singulièrement raccourcies. Cependant, il faut pouvoir appuyer les architraves sur les pylônes et sur les murs les continuant. Dans ce but, les architectes mettent en place des murs de soutènement et de fortes piles entre chacun des colosses royaux qui se trouvent ainsi pris dans une sorte de niche. Thoutmosis III n'eut visiblement pas le temps de mener ces travaux à terme. Son successeur, Aménophis II, s'enorgueillit, en effet, d'avoir fait « confectionner d'augustes colonnes pour l'hypostyle du sud, entièrement plaquées d'or-*djam*, en travail d'éternité ». Dans la lignée de ses ancêtres, le souverain parachevait ainsi un programme depuis longtemps projeté. Peut-être ne faisait-il même qu'achever le projet commencé par Hatshepsout ?

Il faut noter dès l'abord qu'un texte inscrit sur la chapelle rouge d'Hatshepsout indique que « le roi en personne érige deux grands obélisques pour son père Amon-Rê, à l'intérieur de l'auguste salle à colonnes-*Ouadj*, travaillées en or... ». *La Iounyt* de Thoutmosis I était donc déjà devenue une *Ouadjyt* sous le règne de sa fille Hatshepsout.

Les inscriptions de dédicace des colonnes septentrionales sont d'un intérêt tout particulier. Elles apportent des données essentielles pour évaluer l'état dans lequel Thoutmosis III trouva la salle au début des travaux. L'un des textes indique que Thoutmosis III fit dresser ici, « quatre colonnes-*ouadj* en plus de ces deux colonnes-*ouadj* dans la moitié nord, ce qui fait un total de six colonnes-*ouadj* plaquées d'or ». Deux colonnes existaient donc, après le règne d'Hatshepsout, dans le bras septentrional de l'*Ouadjyt*. On ne peut retenir l'idée que la reine Hatshepsout ait conservé deux colonnes de la salle de Thoutmosis I puisque celle-ci était pourvue, nous l'avons vu, de piliers. Pourtant, il convient de constater que les deux colonnes les plus septentrionales ont reçu des gravures palimpsestes et sont au nom de Thoutmosis I. Il ne peut donc s'agir que de colonnes élevées sous Hapshepsout elle-même et mises ensuite, par Thoutmosis III, au nom de son père Thoutmosis I. Dès lors, il faut ajouter ces deux colonnes à la topographie de l'*Ouadjyt* sous le règne d'Hatshepsout et modifier l'aspect général de la « cour » aux obélisques. Il est impossible actuellement d'établir l'existence d'autres supports identiques dans la partie méridionale de la salle, mais la symétrie étant une règle constante de l'art de bâtir des Égyptiens, il est vraisemblable d'imaginer au sud une seconde paire de colonnes. Les deux subdivisions des extrémités de la « cour » créées par leur couverture seraient alors la reproduction, dans une construction de pierre, des deux pavillons divins, le *Per-Our* et le *Per-Neser* dans lesquels, selon la tradition memphito-héliopolitaine, le souverain était couronné par les déesses tutélaires de Haute et Basse-Égypte.

La reconstitution visuelle et rapide assurée par l'outil informatique fait sortir du domaine du rêve des images jusqu'ici sans existence propre. Face à une histoire révolue qui n'a laissé comme témoins que ceux de sa fin, mais qui porte l'empreinte des mutations subies dans leur substance même, la CAO donne toute latitude au chercheur de revenir aux origines et, par là, d'entrer dans la compréhension, non plus seulement de faits matériels, mais de la volonté humaine qui leur a donné corps. L'enjeu dépasse les trois dimensions de l'espace reconstruit. Il recouvre ce qui ne se mesure pas à l'aune humaine, puisque insaisissable : le motif profond, souvent caché, de l'œuvre des pharaons.

L'évolution de la grande salle hypostyle de Karnak

Au rythme des agrandissements continuels du Nouvel Empire, la façade de Karnak progressa par bonds successifs vers l'ouest. Le plus grand bouleversement advint, nous l'avons vu, sous Aménophis III qui fit construire l'énorme masse du IIIe pylône. Celui-ci supplanta, en son rôle de porte monumentale, le IVe pylône qui formait la barrière

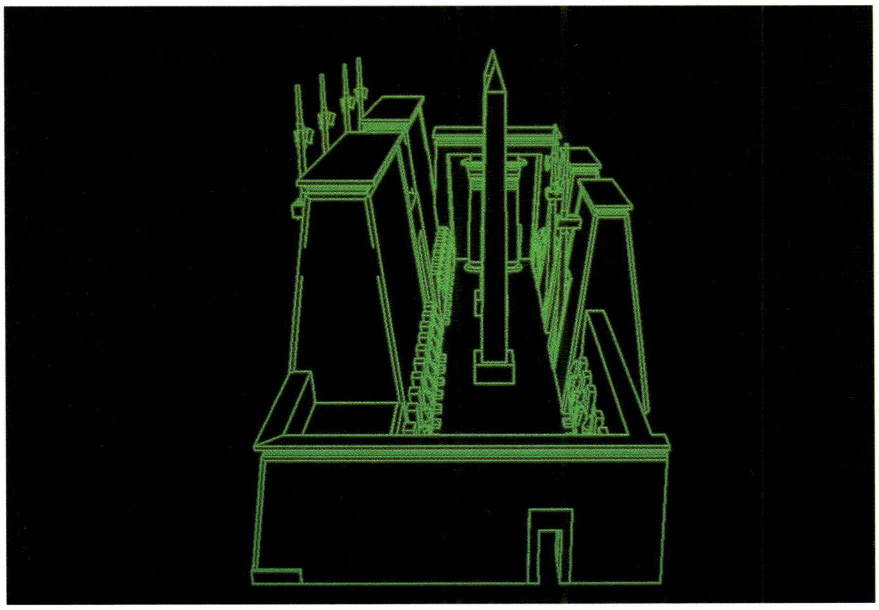

occidentale de l'*Ipet Sout* depuis le règne de Thoutmosis I. Ce faisant, le souverain détruisit le parvis et le repoussa lui aussi plus à l'ouest. Dès lors, l'*Ouadjyt* se trouvait reléguée à l'est et, de ce fait, son rôle de salle de l'intronisation royale du début de la XVIIIe dynastie devenait malaisé à maintenir hors des itinéraires rituels jusqu'ici observés. La ques-

tion se pose alors de savoir ce qui lui fut substitué et où se situa l'édifice, s'il y en eut un, qui accueillit désormais les liturgies royales.

Deux hypothèses s'affrontent sur l'état du parvis occidental du temple d'Amon, après qu'Horemheb y eut fait ériger à son tour un pylône (le IIe), fort en avant de celui d'Aménophis III.

La première hypothèse s'appuie sur l'étude comparative des projets architecturaux d'Aménophis III à Karnak et Louqsor. Au sein de l'annexe méridionale du temple d'Amon-Rê, une longue salle hypostyle à deux rangées de six colonnes papyriformes ouvertes succède à un pylône. Il est alors possible de privilégier ce modèle pour établir un début de solution : dans leur structure, même les parties avancées des temples de Karnak et de Louqsor, sous Aménophis III, auraient pu présenter une nette ressemblance. Si tel était le cas, conçues en même temps et peut-être exécutées en un même programme, ces longues galeries couvertes auraient pu jouer le même rôle : accueillir le roi et les actes de son règne. Le parti architectural serait similaire dans les deux circonstances : à un pylône succède un espace étroit et allongé, enfermé entre de hautes parois, et dont la longueur est rythmée de rangées parallèles de hautes colonnes papyriformes ouvertes supportant la couverture.

Il est en tout cas certain qu'un parvis existait devant le IIIe pylône. La salle hypostyle est construite sur une sorte de cuvette remblayée, au sol damé[6]. Ce remblai, par les éléments qu'il contenait, peut être daté du règne d'Aménophis III. C'est là que devaient s'élever, par la suite, les monuments d'Aménophis IV et peut-être de Toutankhamon et Ay dont on a retrouvé les traces[7]. C'est la situation que découvrit Horemheb lorsqu'il reprit en main le pays. En tant que réformateur des Deux Terres et champion du culte d'Amon, il ne pouvait que reprendre, en toute logique, la politique architecturale de ses lointains prédécesseurs. Il fit édifier alors, en avant de ce qui fut peut-être la « galerie hypostyle » d'Aménophis III, un énorme pylône qui devait dépasser tous les précédents

◁◁
Aspect actuel de la Ouadjyt. *Les colosses « osiriaques » de Thoutmosis I se trouvent prisonniers des piliers bâtis sous Thoutmosis III pour soutenir les dalles de couverture de la salle.*

△
Base des colonnes papyriformes de la Ouadjyt.

▷
Plan du secteur de la Ouadjyt.

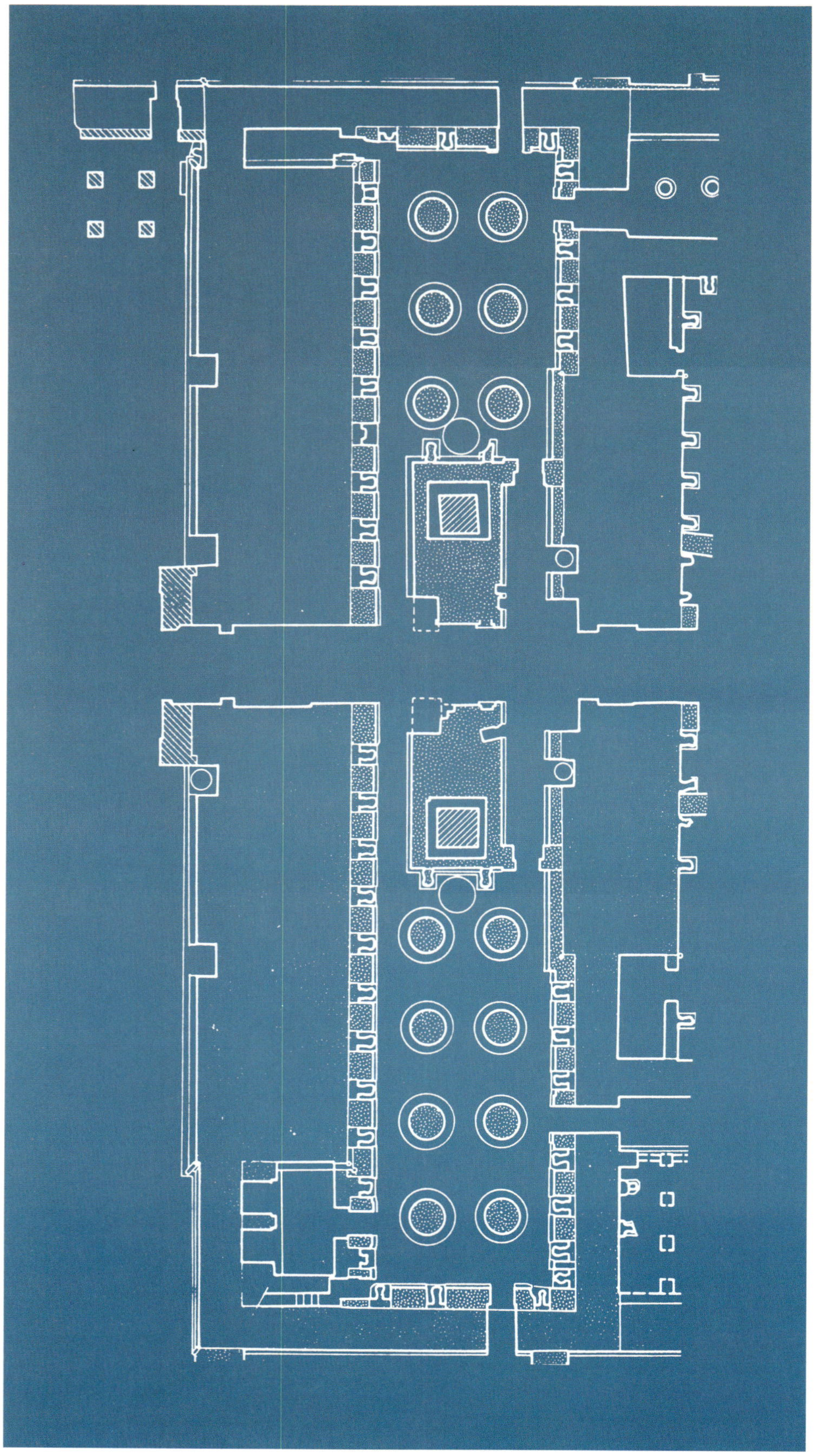

en taille et en splendeur. Les premiers souverains ramessides décidèrent alors de magnifier l'espace situé entre les deux pylônes. Séthi I fit ajouter, aux deux rangées de hautes colonnes papyriformes ouvertes, deux bas-côtés au plafond soutenu par une multitude de colonnes monostyles fermées. Ainsi naissait la nouvelle *Ouadjyt*, pétrification du marais primordial des origines dont la vie était sortie avec la lumière et où le souverain terrestre, continuateur de l'œuvre créatrice d'Amon, devait être couronné. Un fait archéologique net laisse entrevoir les étapes successives de la mise en œuvre de ce projet gigantesque : les deux rangées de colonnes papyriformes ouvertes reposent sur deux murs de briques. Les colonnes monostyles, en revanche, sont fondées sur de véritables pilotis faits de piles de *talatats*, remontant au règne d'Aménophis IV[8]. Pour P. Barguet, en tout cas, le fait à retenir demeure le suivant : « Ceci confirme que, primitivement, de part et d'autre de l'axe central du temple, quatorze colonnes papyriformes se dressaient devant le IIIe pylône d'Aménophis III[9]. »
La seconde hypothèse tend à magnifier l'œuvre des souverains ramessides. Elle envisage la réalisation, en une seule fois, de l'énorme hypostyle de cent trente-quatre colonnes dans l'espace créé par la construction des IIIe et IIe pylônes. Séthi I aurait fait dresser en une seule campagne, selon une programmation précise, les douze colonnes papyriformes ouvertes, ainsi que la « forêt » des colonnes monostyles fermées. Ramsès II ensuite termina vraisemblablement la construction en ravalant et en décorant l'édifice. Alors régna pour toujours le double jeu des colonnes opposant le « marais » à la rangée des hauts et majestueux papyrus qui forment une haie d'honneur au jeune souverain surgi de la pénombre protectrice. Telle peut être la signification retrouvée de la nouvelle *Ouadjyt*, la grandiose hypostyle de Karnak.

Grâce à ces tests d'hypothèses portant sur trois emplacements essentiels du temple, une part infime du mystère de la vie de Karnak dans sa croissance millénaire est ainsi levée. Une perception nouvelle s'est fait jour autour de l'édifice sacré d'Amon. Beaucoup d'inconnues subsistent, il est vrai. Le site de Karnak n'a pas, loin de là, livré toutes les informations précieuses qu'il recèle. Un premier pas est franchi, encore hésitant, mais il est capital. L'avenir montrera, à n'en pas douter, qu'il était légitime de tenter de recréer, grâce à la science moderne, ces espaces hautement symboliques d'un univers oublié.

Notes

1. On se réfèrera à ce propos aux travaux en cours de L. Gabolde, C. Graindorge et P. Martinez, *Éléments de restitutions du Temple d'Amon-Rê avant le règne de la Reine Hatshepsout*, à paraître.

2. On se reportera à L. Borchardt, *Zur Baugeschichte des Amonstempels von Karnak*,

△
Maquette réelle du secteur compris entre les IIe et IIIe pylônes, avant la construction de la salle hypostyle.

◁
Vue aérienne de la grande colonnade du temple de Louqsor.

▷
Hypothèse supposant l'existence d'une colonnade en avant du IIIe pylône, préalablement à la réalisation de la salle hypostyle.

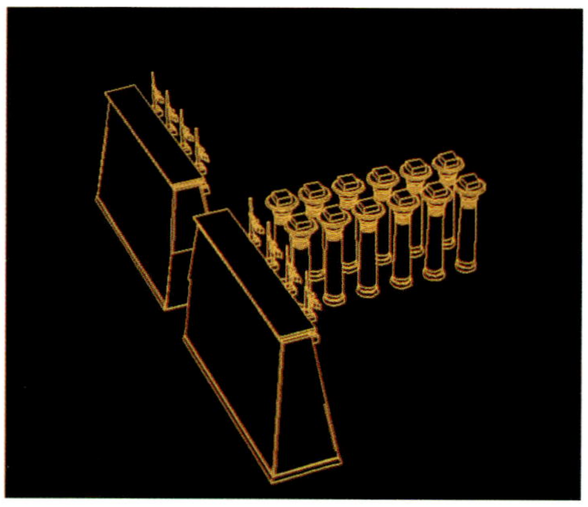

Leipzig, 1905. P. Barguet, *Le Temple d'Amon-Rê à Karnak — Essai d'exégèse,* IFAO, Le Caire, 1962. J. Schmitz, *Amenophis I,* dans HÄB, Hildesheim 1978.

3. L. Habachi, *Devotion of Thoutmosis III to his predecessors ; a propos of a meeting of Sésostris I with his Courtiers,* dans *Mélanges Gamal Eddin Mokhtar,* IFAO, Le Caire, 1985, pp. 349-359.

4. *Basilikale Anlagen in der ägyptischen Baukunst des Neuen Reiches,* dans *Beiträge zu ägyptischen Bauforschung und Altertums- -Kunde* 9, Wiesbaden, 1970.

▷
Visualisation d'un état théorique du temple correspondant à l'existence d'une grande colonnade située entre les IIe et IIIe pylônes.

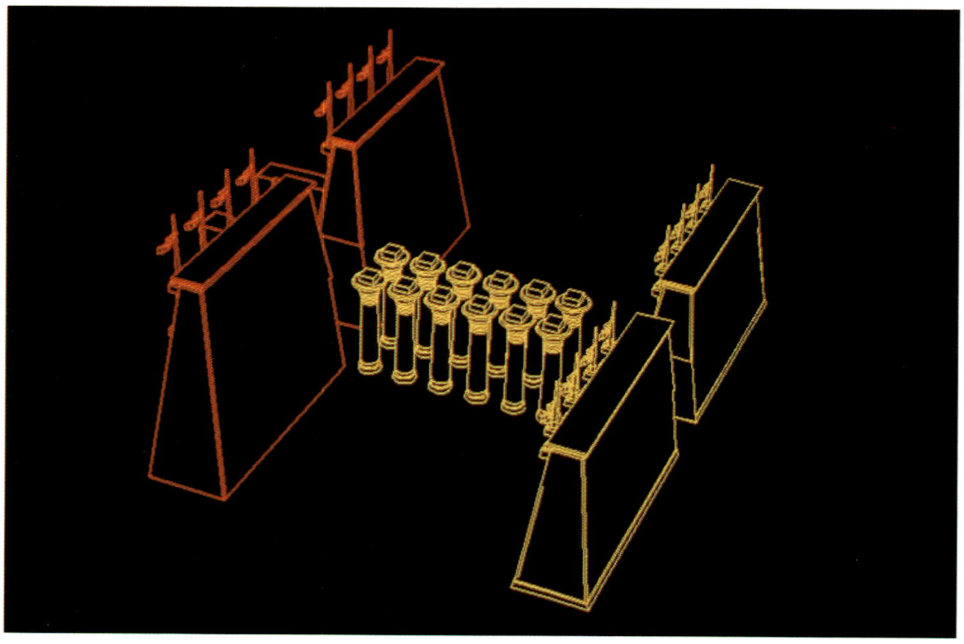

▷
Visualisation des ajouts ramessides qui permirent la constitution de la grande salle hypostyle.

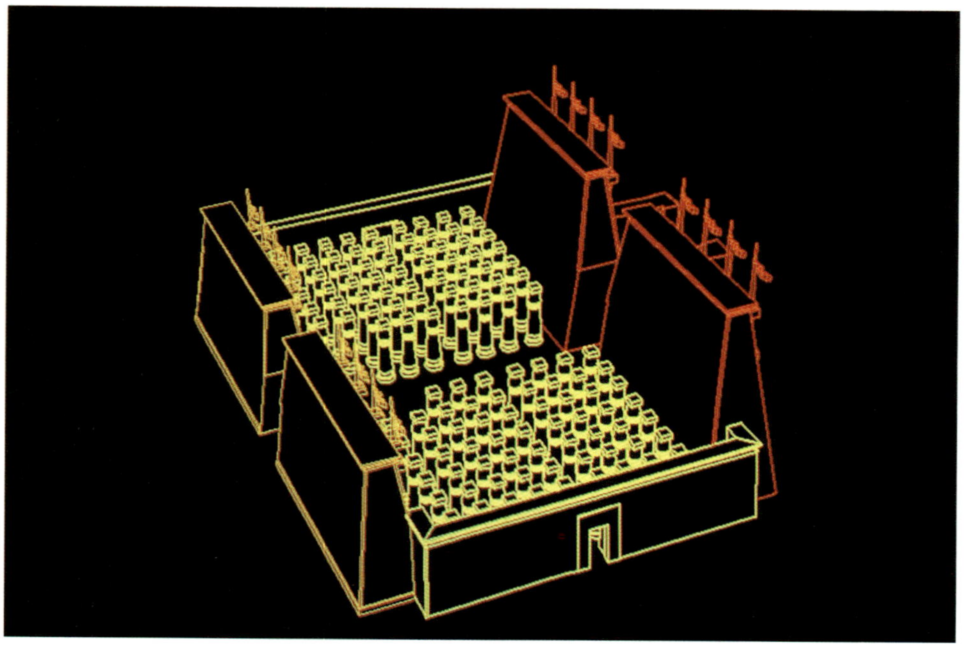

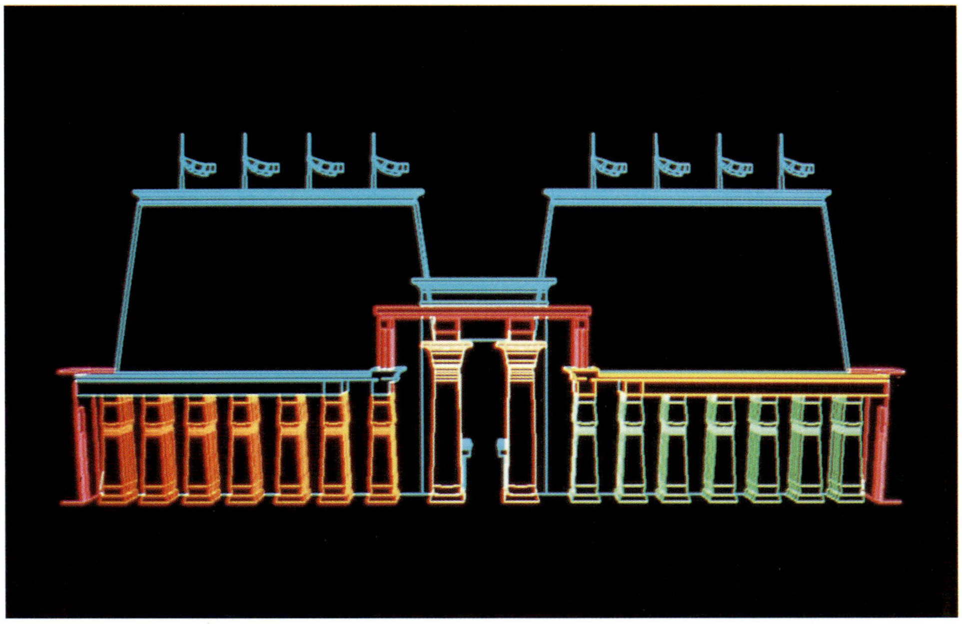

◁
Coupe CAO sur la grande salle hypostyle.

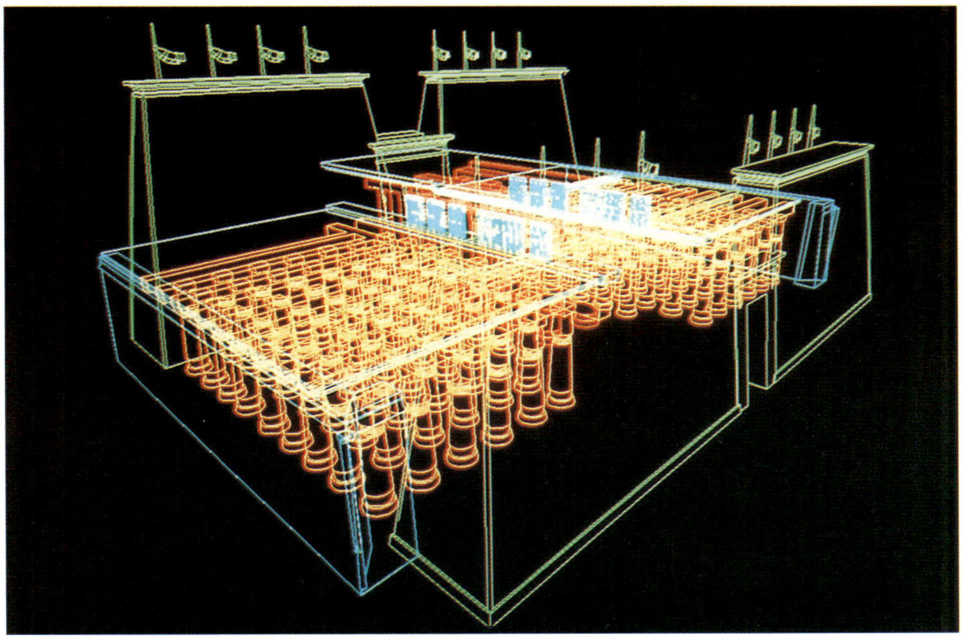

◁
Eléments constitutifs de la salle hypostyle complète vue par transparence.

5. Les résultats présentés ici sont surtout le fruit de la patiente étude menée par V. Noyère. On pourra se reporter à sa thèse (non publiée) soutenue à la faculté de Paris-Nanterre en 1986.

6. P. Lacau, dans *BIFAO XXX*, 1930, p. 881.

7. On se reportera aux résultats des travaux en cours menés conjointement par M. Eaton-Krauss et M. Gabolde.

8. Selon H. Chevrier, les fondations des colonnes latérales étaient liées à celles du IIe pylône. Ce serait donc Horemheb qui aurait fait entreprendre, le premier, la construction d'une salle hypostyle aussi imposante. Voir H. Chevrier, *Chronologie des constructions de la salle hypostyle,* dans *ASAE* 54, 1956, pp. 35-38.

9. P. Barguet, *op. cit.,* p. 57.

CHAPITRE 5

Sur le plus grand des chantiers de Karnak

On sait que les anciens Égyptiens n'utilisaient jamais de système de levage perfectionné impliquant le fonctionnement de poulies, moufles, palans ou cabestans, attirail qui n'apparut dans le pays qu'à l'époque romaine. Leur principe, éprouvé depuis des millénaires, était de ne pas lever les lourdes charges mais de les tirer au sol sur des traîneaux de bois en prenant soin d'arroser, au-devant des patins, une couche de limon dont ils avaient garni au préalable rampes et glissières. La fine pellicule de boue fluide ainsi produite permettait au traîneau de se déplacer sans opposer plus de résistance que la glace ou la neige dans les climats froids. Les masses les plus pesantes (lots de gros blocs, obélisques, linteaux, architraves, dalles de couverture, colosses royaux) pouvaient être déplacées de cette manière sans danger, car elles gardaient toujours un parfait appui au sol. En Égypte, le système de guidage et de freinage en cas de rupture des cordes était d'autant plus sûr que les charges ne pouvaient franchir, à chaque fois, que la petite distance correspondant à l'étroit espace arrosé. Si les patins atteignaient un sol sec, les forces de friction freinaient automatiquement la charge, ce qui évitait tout risque d'accident. Le mouvement était sollicité vers l'avant à l'aide de longs cordages transmettant la force de traction de files de manœuvres bien encadrés, comme nous le montrent plusieurs représentations figurées sur des parois de tombes ou de mastabas.

Ainsi, les blocs d'un monument en cours de construction étaient-ils glissés jusqu'à leur emplacement définitif, et, dès qu'une assise était terminée, on devait rehausser tout le système de glissières et de rampes pour atteindre le niveau de départ de la suivante. Des structures massives, faites de tas de terre et de briques crues suivaient donc, assise par assise, la progression en hauteur de l'édifice, afin de créer, à chaque fois, une aire de manœuvre. horizontale suffisante et des rampes artificielles capables de l'atteindre.

Petit à petit, une masse impressionnante de briques crues, retenant du sable et de la terre, emplissait la salle en cours de construction et enfouissait littéralement tous les murs. Le bâtiment, prisonnier de cet énorme volume de matériau, n'était guère apparent de l'extérieur, comme on peut encore s'en rendre compte en observant, depuis le nord, le grand pylône occidental de Karnak ; cet édifice inachevé a conservé, exceptionnellement, une bonne partie des structures provisoires nécessaires à sa construction.

◁◁
Sous Thoutmosis III, le vizir Rekhmirê, chargé de tous les chantiers de son seigneur, eut à cœur de faire figurer par ses artistes les scènes évoquant les activités de construction. On observe ici des ouvriers qui procèdent à l'achèvement d'un colosse de granit, montés sur les échafaudages de bois légers que l'on utilisait spécialement pour les opérations de ravalement, de décoration ou de finition des ouvrages.

▷▷
Les premiers grands travaux de restauration de Karnak, entrepris, dans la salle hypostyle dès 1900 par G. Legrain, permirent de remettre à l'honneur les techniques efficaces des bâtisseurs de l'antiquité pharaonique. Aucune autre solution que l'emploi de grandes rampes de terre ne permettait le déplacement de biais de masses pesant plus de 70 tonnes.

△

Briques, hommes, limon et eau, voilà le secret. Les maçons de Nectanébo n'employaient pas d'autres procédés, mais le grand pylône qu'ils avaient entrepris resta inachevé, ce qui permet aujourd'hui de contempler encore, de façon exceptionnelle, les restes des énormes rampes de briques crues qui servirent à tirer les blocs de grès sur des traîneaux jusqu'à leur emplacement définitif. On voit ici, au premier plan, les vestiges de celles-ci et, derrière, le haut des môles du pylône en construction.

Grâce à cet exemple, il est possible de mesurer l'inclinaison de la seule rampe antique de Karnak qui ait été conservée (4 à 5 %) et d'estimer grossièrement la longueur nécessaire des rampes en fonction de la hauteur de la construction[1].

Nous avons renoncé cependant à choisir cet exemple, déjà évoqué ailleurs[2], pour présenter la construction d'un autre édifice pharaonique aux formes plus complexes. Et puisque les possibilités offertes par la CAO permettaient d'évoquer le plus spectaculaire d'entre eux, nous avons choisi la célèbre salle hypostyle de Karnak. Parmi les différentes hypothèses relatives à son évolution historique exposées à la fin du chapitre IV, nous avons dû en privilégier une seule, celle qui suppose un chantier conduit, en une seule fois, de part et d'autre de la colonnade centrale réalisée dans un premier temps entre les IIe et IIIe pylônes.

L'ampleur d'un tel programme qui consista à ériger, entre deux pylônes préexistants, une salle au plafond de pierre soutenu par cent trente-quatre colonne gigantesques méritait de retenir toute notre attention. Cet étonnant ouvrage, mené à bien sous les règnes de Séthi I et de Ramsès II, dut exiger quatre-vingts années d'efforts et imposer le déplacement d'un impressionnant tonnage de pierres.

Pour en restituer les aspects successifs, nous disposions d'un relevé précis au sol de l'ensemble des coupes et élévations nécessaires et l'ordinateur avait déjà en mémoire toutes ces données. Il ne restait plus à prévoir qu'une simple adaptation consistant à effectuer des coupes horizontales à différents niveaux, une pour chacune des phases les plus caractéristiques du chantier, et à représenter, selon son état d'avancement, les situations respectives des rampes et échafaudages de briques crues.

La première image montre ainsi le monument au moment où, ses fondations achevées, était exécuté le tracé au sol des colonnes et des murs, selon un principe général bien établi de l'architecture égyptienne. A la base des monuments pharaoniques, peuvent, en effet, souvent être observées les lignes incisées qui indiquaient les limites des murs et des points d'appui. Le dallage et le soubassement des parois constituaient un grand plan horizontal sur lequel les formes étaient dessinées et la construction entreprise ensuite, au-dessus, assise par assise.

Sur la seconde image, l'édifice est déjà

construit sur cinq à six mètres de hauteur. Les tambours des colonnes et les lits, posés à joint vif, de l'appareil des murs apparaissent noyés dans la masse de l'échafaudage qui emplit toute la salle et constitue un plan permanent de travail à l'horizontale, tandis que les rampes, utiles à l'acheminement des blocs, commencent à s'allonger.

La troisième vue montre le bâtiment au moment où l'on pose les abaques des chapiteaux et les architraves des colonnes des deux bas-côtés de la salle. Tous les blocs, quels que soient leur forme ou leur volume, sont « glissés » par des moyens identiques jusqu'à leur emplacement exact. Le réglage de leur position finale était fait à l'aide de grands leviers de bois dont l'embout s'engageait dans de profondes encoches encore nettement visibles aux extrémités des dalles et linteaux de tous les édifices de Karnak. A ce stade, les rampes ont atteint une ampleur considérable. Les chantiers d'une telle envergure impliquaient l'emploi d'une main-d'œuvre importante et le site se trouvait très encombré pendant toute la période de la construction. On ne doit pas imaginer Karnak dans son ensemble comme un lieu silencieux et tranquille, mais plutôt comme un perpétuel chantier retentissant du bruit des outils, des cris des contremaîtres et des chants qui rythmaient le travail des ouvriers.

Une fois la pose des grandes dalles de couverture des bas-côtés achevée, la construction du haut de l'allée centrale pouvait — dans cette hypothèse — être poursuivie, les mêmes principes étant respectés jusqu'au sommet de l'édifice. Mais bien des difficultés techniques devaient être résolues, comme l'installation des larges fenêtres à *claustra*, à la verticale et sur leur petit côté. Nous pensons que ces blocs de forme particulière devaient être simplement maintenus verticaux au moyen de pièces de bois sur leurs traîneaux pendant le transport, puis « glissés », comme les autres, jusqu'à leur emplacement définitif. Une fois placées les ébauches des énormes chapiteaux à corolle ouverte de l'allée centrale, il ne restait plus qu'à poser les dernières dalles de couverture. Les échafaudages atteignaient alors leur hauteur maximale et la dernière partie des rampes prenait appui sur les bas-côtés.

Enfin, tous les blocs en bossage étant mis en place, le démontage des échafaudages et des rampes pouvait être commencé ainsi que le ravalement des parois. On profitait de l'abaissement progressif des rampes pour tailler des volumes réguliers en abattant et en égalisant l'important excès de pierre qui faisait saillie par rapport au nu des parement définitif. Sur les surfaces régulières ainsi obtenues, il était ensuite possible de procéder au dessin, à la gravure puis à la peinture des bas-reliefs, ce qui nécessitait des échafaudages de bois très légers, souples et démontables, tout à fait analogues à ceux que nous utilisons aujourd'hui. Une représentation de ces installations temporaires figure dans les reliefs d'une

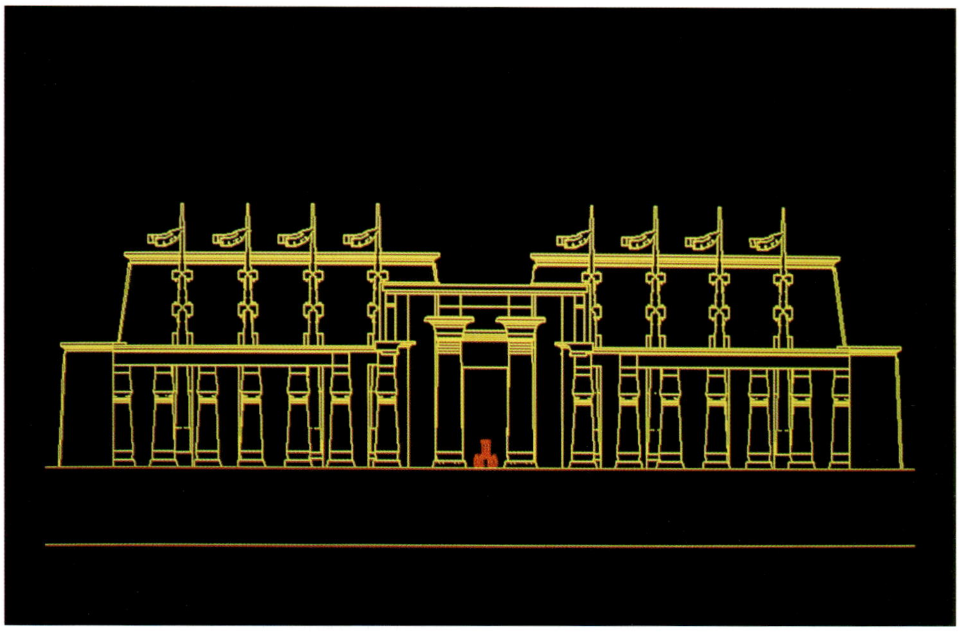

◁ *Coupe CAO transversale de la grande salle hypostyle.*

▷
Nous supposerons ici que la construction de la salle hypostyle a consisté à ajouter, de part et d'autre d'une grande colonnade préexistante, un grand nombre de colonnes à l'époque ramesside, de manière à disposer l'ensemble des éléments indispensables au support d'une couverture de pierre. Ici on commence à exécuter les fondations des colonnes et à tracer au sol le plan de l'édifice.

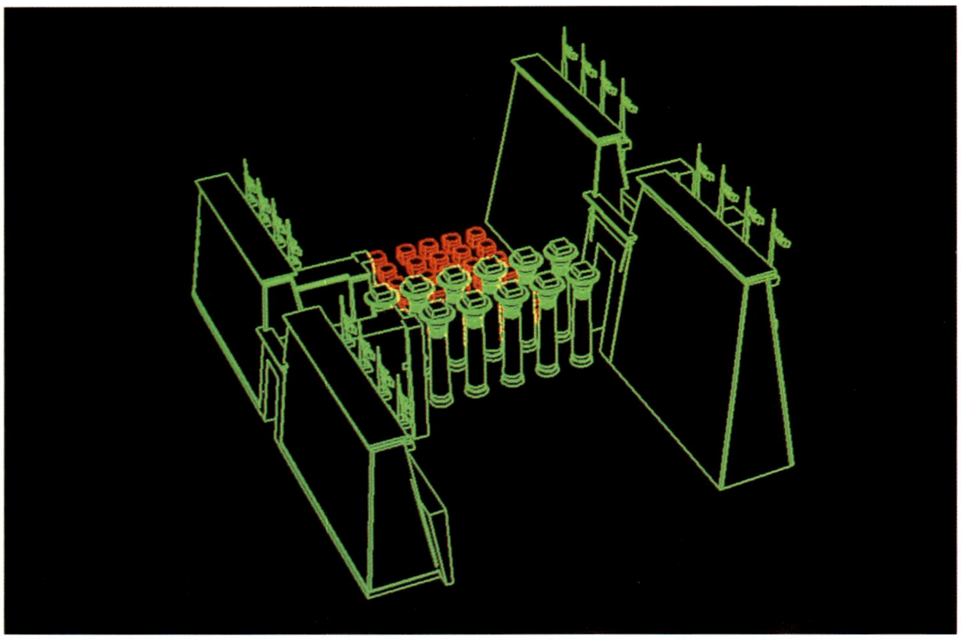

▷
La première assise vient d'être achevée et la salle est remplie entièrement de terre et de briques crues, jusqu'au niveau de la seconde, afin de permettre de conduire jusqu'à leur emplacement définitif les tambours des colonnes et les blocs des murs latéraux. La dénivellation ainsi obtenue oblige à créer des rampes d'accès pour acheminer les blocs de la seconde assise au niveau convenable.

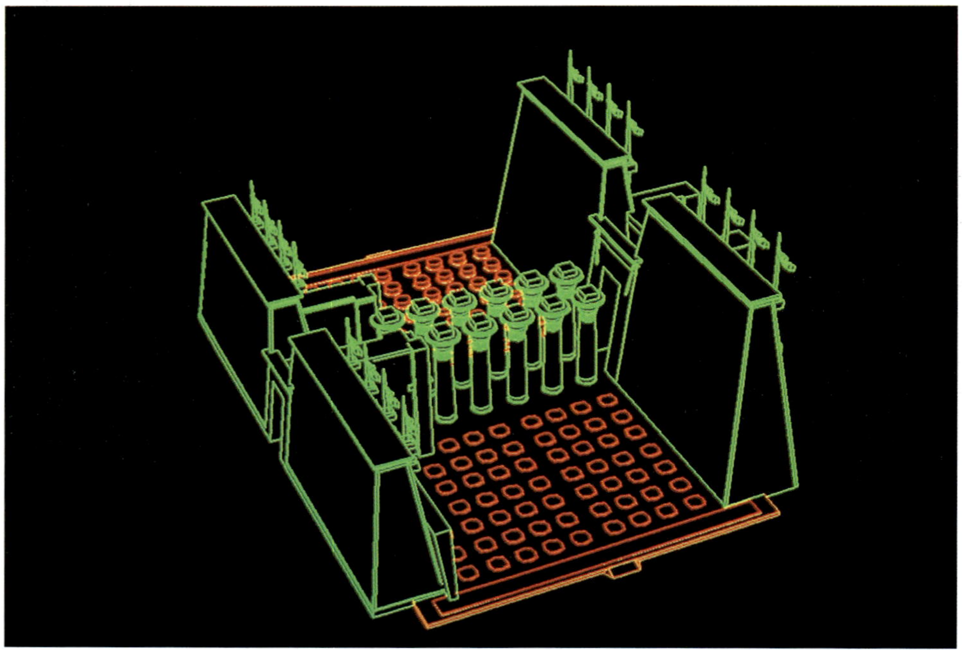

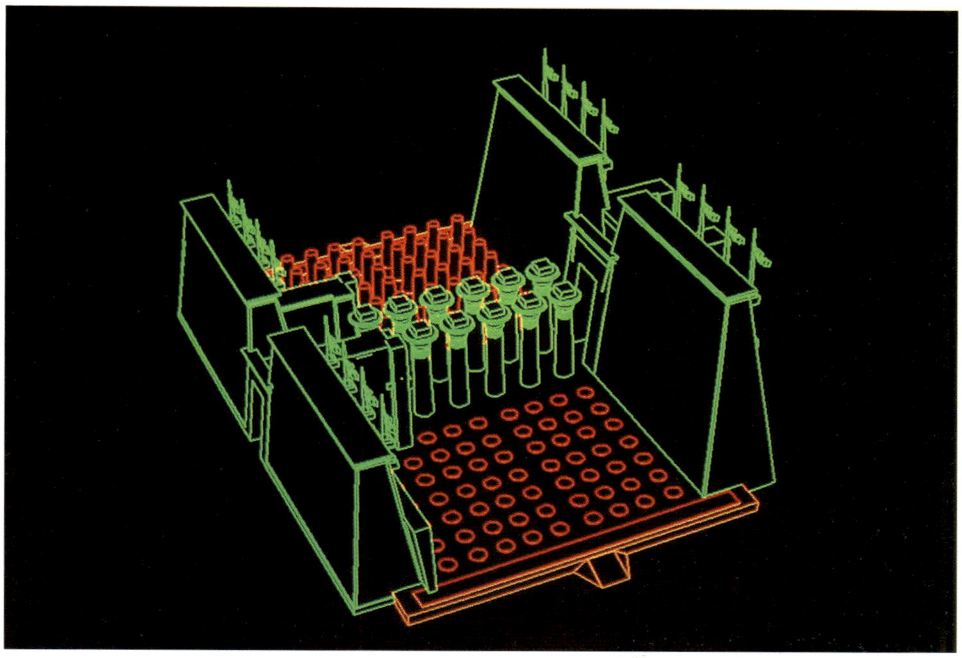

◁
La construction s'élève assise par assise, et les rampes de terre s'allongent. Des millions de mètres cubes de briques crues et de limon sont accumulés à l'intérieur de la salle, de façon à constituer, à chaque fois, un grand plan de circulation horizontal. La ronde des manœuvres qui portaient briques et couffins de terre était incessante, tandis qu'à pied d'œuvre les maîtres veillaient à appareiller posément les blocs.

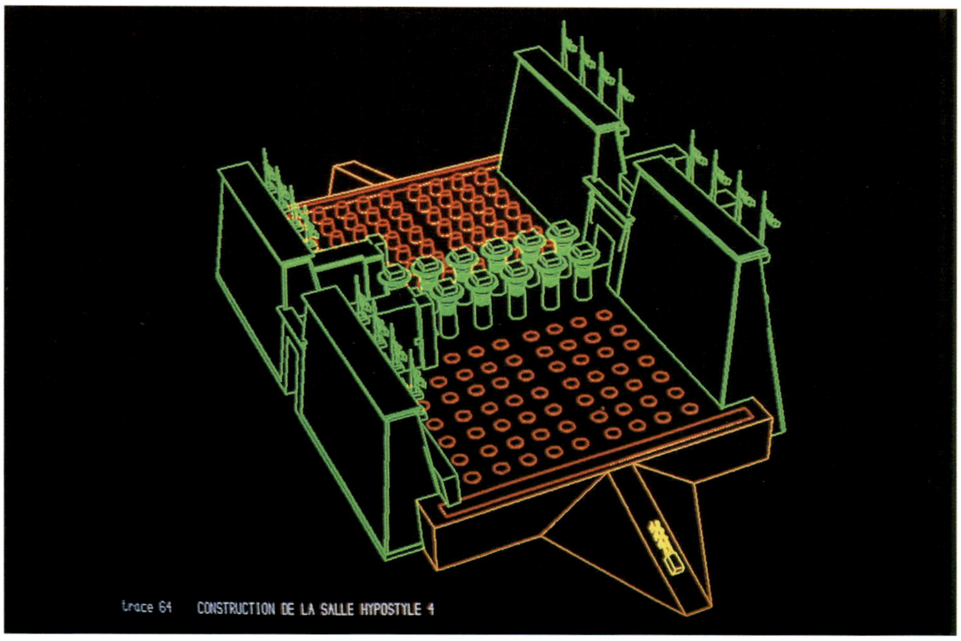

◁
Les blocs des énormes chapiteaux et les architraves étaient posés à leur tour. Bientôt la salle n'attendait plus que le glissement en place des grandes dalles de couverture. Sur le chantier de l'immense vaisseau de pierre, les équipes de « babord » et de « tribord » devaient s'affairer sur leurs sites d'activité. On sait que, dans l'Antiquité, elles travaillaient en « tandem », chacune dans sa moitié de chantier. L'émulation était grande, mais apparaissaient parfois de curieuses distorsions que le directeur des travaux savait rattraper par des astuces.

▷
La construction achevée, il ne restait plus qu'à éliminer l'énorme volume de terre qui remplissait tout l'espace à l'intérieur de la salle et à détruire les rampes extérieures. Le ravalement et la décoration seraient entrepris ensuite par des équipes montées sur des échafaudages de bois légers, facilement démontables.

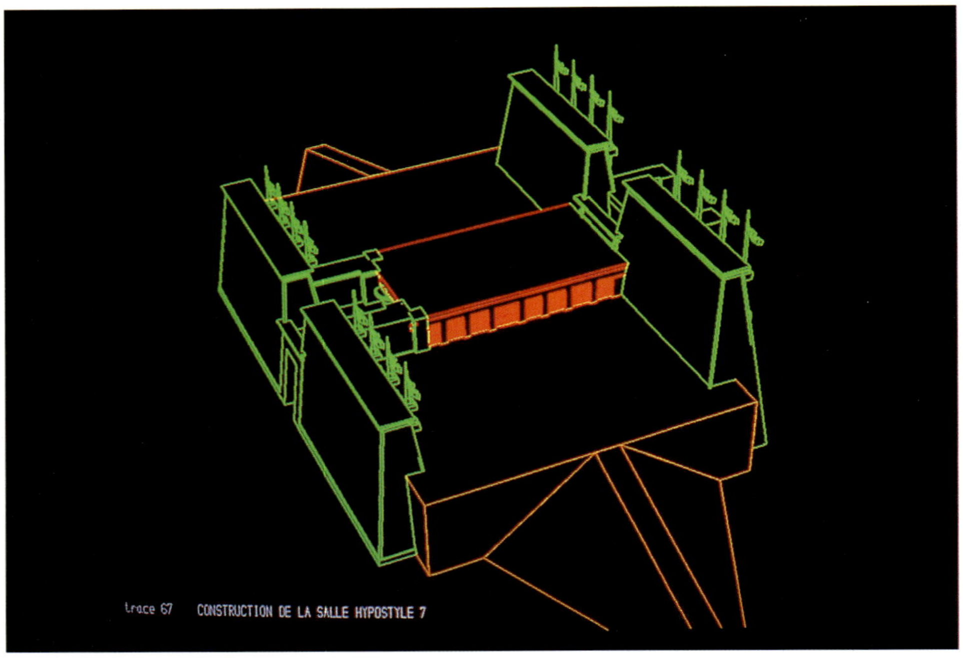

tombe thébaine, celle de Rekhmirê. Cependant, compte tenu des dimensions considérables de l'édifice, toutes les étapes de finition, allant du ravalement à la peinture finale, étaient fort longues ; elles duraient en général beaucoup plus longtemps que la construction elle-même et, en bien des cas, restaient inachevées.

Un jour, enfin, vidé de ce qui le masquait, nettoyé, décoré, libéré de tout obstacle, l'édifice apparaissait dans toute sa splendeur. Ses proportions sont tellement imposantes que le visiteur ne peut guère imaginer aujourd'hui l'ampleur considérable des structures en terre crue qu'il a fallu entasser, puis détruire, pour parvenir au résultat final. Au spectacle de cet extraordinaire édifice, impressionné par les masses de pierre qui l'entourent et le dominent, apercevant au-dessus de sa tête des architraves de trente tonnes perchées à vingt mètres de hauteur, il se pose naturellement la question qui, depuis des siècles, naît sur toutes les lèvres : « Comment des hommes de l'Antiquité, treize siècles avant Jules César, huit siècles avant le Parthénon, ont-ils pu réaliser une telle construction ? » On sous-estime souvent l'importance et l'efficacité des méthodes particulièrement simples dont ces bâtisseurs illustres avaient su tirer le meilleur parti.

Soutenus et guidés par leur foi, connaissant parfaitement les propriétés des matériaux, la dureté des pierres, la fluidité du sable, la souplesse de la boue, utilisant avec ingéniosité les crues du Nil pour conduire les blocs les plus lourds au plus près des chantiers, ils surent édifier ces prestigieux édifices qui ont défié les siècles.

Un peu de ces lointains exploits vient de revivre à travers les images saisissantes que la machine a conçues sous la conduite de l'homme moderne. De l'incomparable outil de création qu'est la conception assistée sur ordinateur, tout, pourtant, peut être attendu, même ce qui procède de l'imagination et du rêve.

Il faut un peu rêver de Karnak pour l'aimer et le comprendre, et comme toute rêverie débouche sur l'idéal, celui-ci attire irrésistiblement l'esprit vers ce point des rives du Nil où l'on ne comprend pas, ou mal, pourquoi, tout, subitement, s'est arrêté. Cette suite, tant espérée mais vainement imaginée jusqu'ici, la science de notre siècle peut la rendre un peu plus concrète, grâce à la représentation CAO.

La CAO vient de faire revivre à nos yeux un peu de ces lointains exploits, mais plus encore elle permet d'imaginer l'aspect qu'auraient dû avoir certains monuments restés inachevés, car elle est avant tout outil de création, support d'imagination, moyen d'expression. C'est pourquoi nous finirons notre promenade dans Karnak et notre rêverie à travers les siècles en découvrant une vue générale du grand pylône occidental (le Ier pylône) tel

◁
L'importance considérable des structures provisoires en terre et briques crues, qui permirent la construction des édifices pharaoniques, ne peut être imaginée par le visiteur de Karnak aujourd'hui. Au spectacle des énormes chapiteaux perchés à de si grandes hauteurs il s'interroge toujours de la même manière : comment les Egyptiens ont-ils pu résoudre des problèmes techniques qui dépassent les possibilités des moyens de levage les plus modernes ?

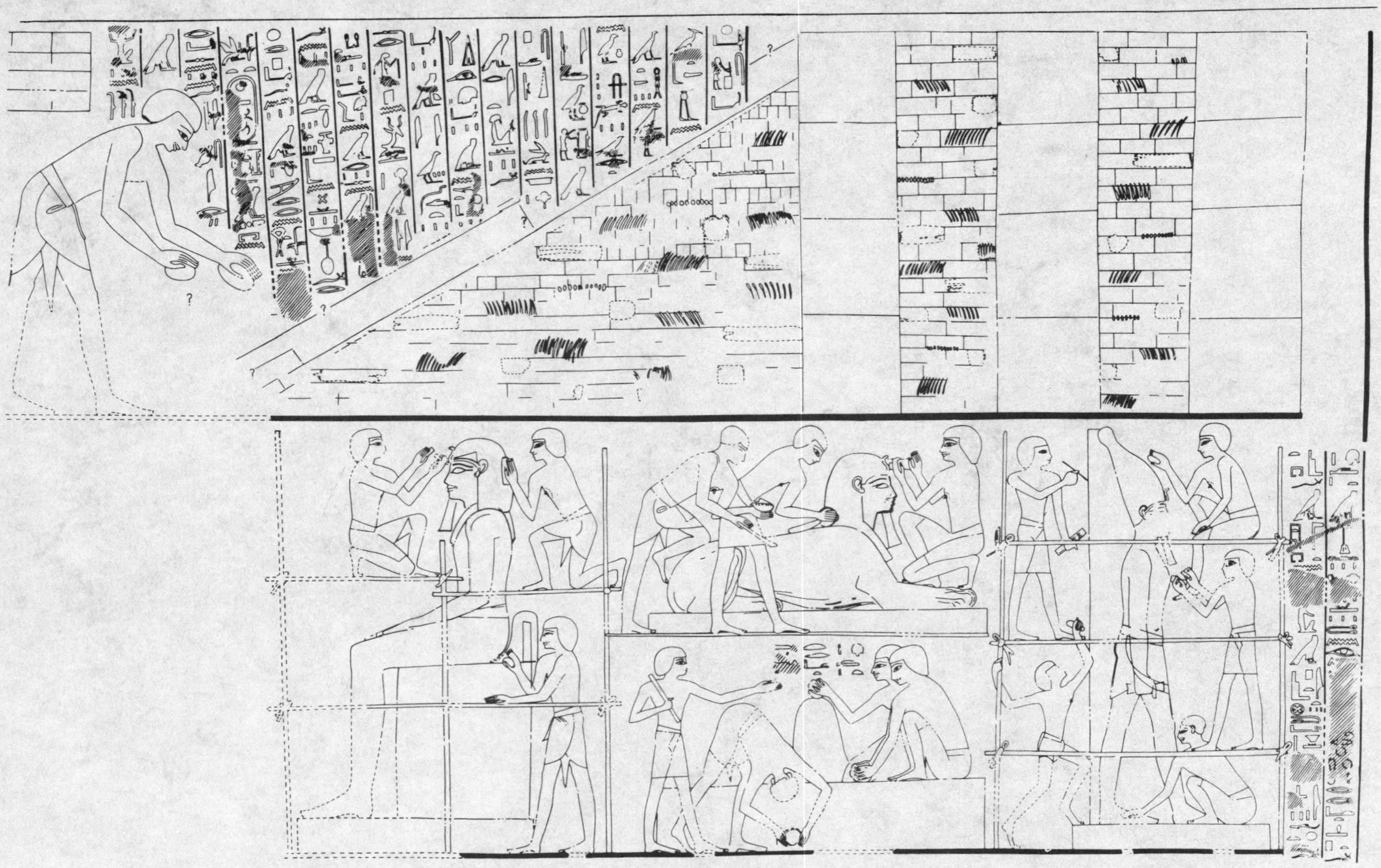

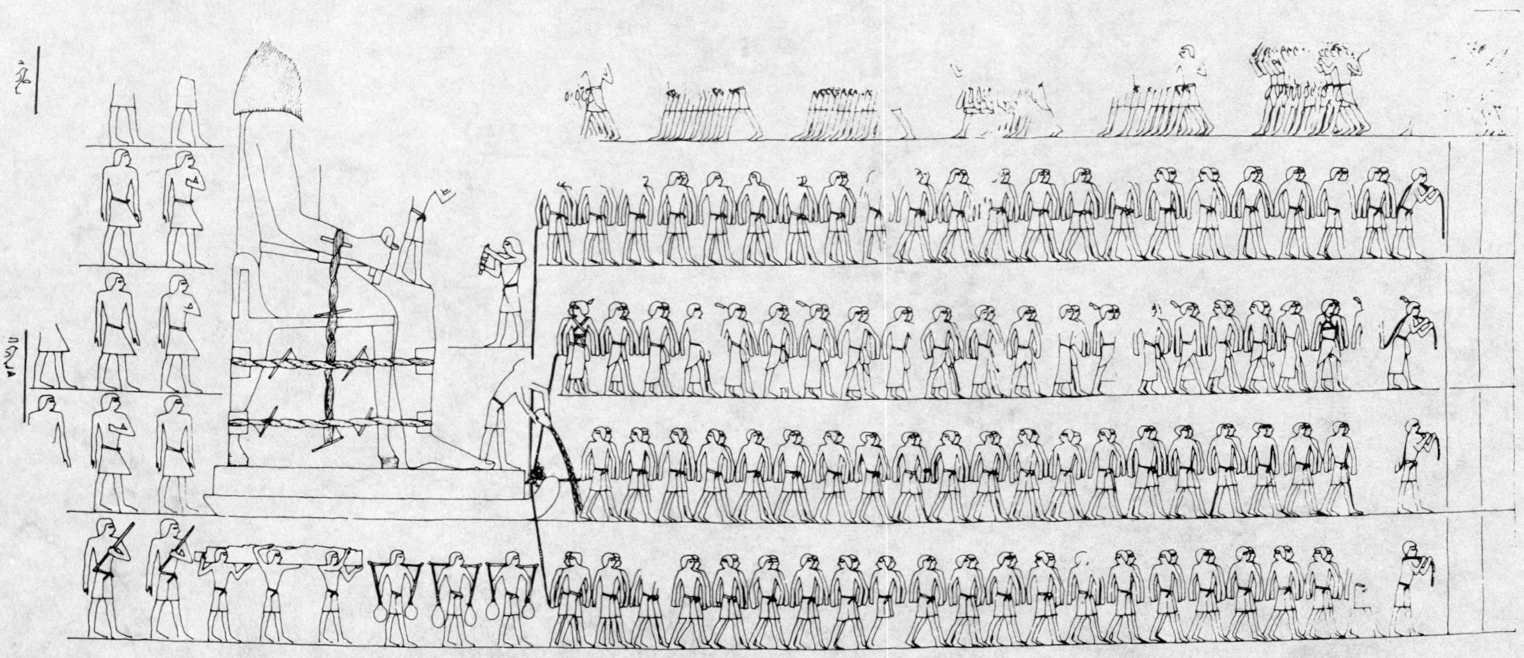

qu'il aurait pu devenir si Nectanébo I avait mené la construction des môles à leur terme. Le plus grand de tous les pylônes d'Égypte aurait alors atteint trente-quatre mètres de hauteur et les oriflammes de ses huit immenses mâts de bois dépassant de très haut les corniches auraient, en ondoyant sous l'effet du souffle divin, magnifié l'entrée majestueuse de la demeure d'Amon. On l'aurait vu de très loin depuis le Nil et l'autre rive. Notre regard peut apprécier, enfin, l'intention puissante du dernier pharaon bâtisseur de la nation égyptienne, celui qui ne put parvenir à achever tous ses projets, si grand fut le nombre des chantiers qu'il fit entreprendre, à travers toute l'Égypte. Cette vue fictive est présentée ici, et de façon symbolique, comme la dernière du temple d'Amon-Rê, celle que Nectanébo I aurait voulu donner à sa façade, lors de l'ultime sursaut de la grandeur de la civilisation des fils de Rê. Dernier témoin d'un projet plus grand, plus ambitieux encore que tous les autres, ce pylône, image d'un horizon terrestre sans cesse repoussé au-delà de ses limites précédentes, à la mesure de la puissance divine qu'il devait accueillir, est semblable au cri d'un être qui refuse de céder à la mort et à l'oubli. Karnak, vivante demeure de l'éternelle énergie créatrice, n'a pas sombré dans les ténèbres originelles mais le rêve des hommes, qui lui donna forme et l'anima de sa foi millénaire, demeure pour toujours inassouvi.

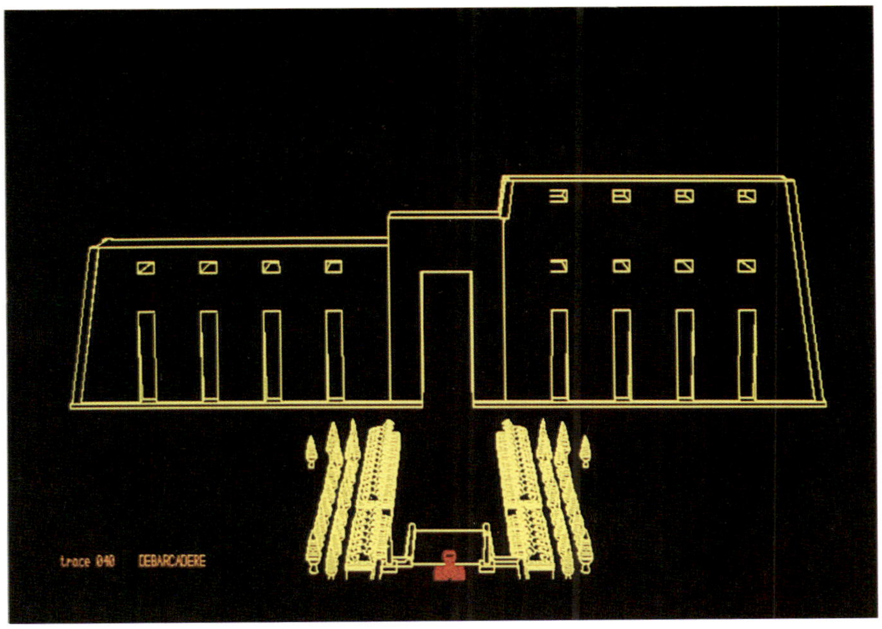

△
Restitution CAO du grand pylône ouest de Karnak, tel qu'il se présentait lors de l'abandon du chantier de construction après le règne de Nectanébo I.

◁
Restitution hypothétique par CAO du grand pylône ouest tel qu'il aurait été s'il avait été achevé.

◁◁△
Scènes de la tombe du vizir Rekhmirê à Thèbes. Sur le registre du haut apparaît la rampe sur laquelle glissent les blocs d'un édifice en cours de construction, alors qu'en bas sont figurés les échafaudages de bois légers utilisés pour les finitions.

◁◁
Figuration du transport d'un colosse de quartzite rouge sur un traineau de bois et une glissière de limon (scène de la tombe de Djehouty-Hotep II à El-Bersheh). On voit ici les nombreux manœuvres tirant sur les cordes et le chef d'équipe qui coordonne l'opération perché sur les genoux de la statue. Pour permettre le glissement, des files de porteurs d'eau arrosent sans arrêt le sol devant les patins. Il s'agit d'une des représentations qui montrent les techniques anciennes les plus courantes appliquées pour le déplacement des lourdes charges dans l'antiquité pharaonique.

Notes

1. Sur les rampes et leur utilisation, Legrain, *Karnak*, p. 47 sq et Golvin-Goyon, *Bâtisseurs de Karnak*, pp. 100-107 et 134.
Comme l'inclinaison de la pente mesurable au nord du premier pylône de Karnak est de 4 à 5 %, les rampes devaient atteindre plus de 400 mètres de longueur en fonction de la hauteur d'origine de l'édifice.

2. Golvin-Goyon, *Bâtisseurs de Karnak*, pp. 106-107.

CHAPITRE 6

Quand Karnak vivait...

A Karnak, au début de la grande festivité d'Opê du Sud

L'Éveil de la demeure divine

Face à Cime Sainte de la Montagne Thébaine, cette pyramide naturelle qui symbolise la naissance de l'univers, Karnak sommeille encore. A l'est, tout là-bas, Amon-Rê « l'Universel » va bientôt resurgir sous la forme du Disque de Vie. La nuit se termine, son sanctuaire attend ce retour.

L'entrée liturgique située à l'ouest sort de l'ombre. La brume masque un peu le canal vers le Nil, porteur de cette eau sur laquelle, tout à l'heure, le Roi des dieux naviguera. Sur le quai-tribune qui surplombe le plan d'eau passe le premier garde de l'aube ; il va vers l'entrée du massif pylône qui barre l'horizon et dont la porte centrale gigantesque est close. Il suit la voie sacrée, dallée de grès et scandée régulièrement sur ses flancs par les sphinx à tête de bélier dont tous, à Thèbes, savent qu'ils sont la manifestation choisie par Amon pour exprimer sa nature de créateur de toute vie.

La veille se termine. Au-dessus des môles de pierre, qui évoquent les deux montagnes, libyques et arabiques, qui définissent l'horizon de l'Égypte, filtrent déjà les premières lueurs du nouveau soleil. Déjà, les rumeurs des chants sacrés et le bruit lancinant des sistres annoncent l'office du matin et le début d'un jour béni : aujourd'hui, Amon-Rê, seigneur du ciel et de Karnak, doit se rendre à Louqsor pour y célébrer la fête de la régénération de l'univers : la « grande festivité d'Opê du Sud ».

Les préparatifs de fête

Les lourdes portes, bardées de bronze, du Ier pylône ont été débloquées par les portiers du corps sacerdotal. Dans la cour ouverte, sous les portiques, s'affairent les acolytes que le premier rayon d'Amon-Rê a trouvé éveillés pour préparer la fête. On a balayé avec soin les dalles du passage axial ainsi que les bas-côtés ; on a préparé les bassins de purification et muni le kiosque central de ses voiles. Mais, dans l'instant, ce sont les trois reposoirs du nord qui requièrent tous les soins. Dans leurs espaces accolés, tout à l'heure, viendront prendre place, avant l'embarquement sur les chalands de sortie, les trois barques[1] portées à bras d'hommes : celle du seigneur Amon, celle de son épouse et parèdre Mout, celle enfin de Khonsou, le « fils », qui réside en son temple du sud-ouest de l'enceinte. Trois nefs

◁◁
Représentation, sur une paroi, des différentes enveloppes emboîtées les unes dans les autres qui protègent, au centre, le naos. Là sont les « portes du ciel » et il faut en ouvrir la succession qui rappelle les enveloppes protectrices d'une momie.

magnifiques de bois précieux, recouvert d'or et d'émaux, qu'il convient de déposer sur les socles portatifs établis dans chacune des longues et étroites chapelles. Au centre, les porteurs à pas lents et sûrs conduiront le Maître de Karnak ; à gauche, vers l'ouest, Mout s'arrêtera tandis que Khonsou sera installé à l'est, à droite. Autour et devant les autels s'amoncellent déjà les offrandes ; les enseignes qui accompagnent les barques ont été dressées. Tout à l'heure, le liturgiste viendra avec les lecteurs et le chœur ; les barques divines avec leur ineffable contenu seront purifiées par l'eau salvatrice du Flot primordial ainsi que par la fumée de la résine de térébinthe, ce *sonter* qui exalte la nature divine.

La royauté partagée

Lorsque Ramsès II monta sur le trône, jamais encore l'Égypte n'avait conçu et mis en œuvre une telle basilique. Elle manquait à Karnak jusqu'aux temps où, pour honorer son père, et, à travers lui, la fonction royale, le souverain que « Rê a mis au monde » (tel est le sens de « Ramsès ») fit mettre en chantier ce gigantesque projet. Dans la salle hypostyle, tout est harmonie et symbole depuis la forme et le nombre des colonnes jusqu'au choix des axes. Au centre même des nefs, là où la route quotidienne de Rê, d'est en ouest, croise celle des rois et des hommes, qui suit le cours du Nil du sud vers le nord, se trouve le nœud vital du sanctuaire d'Amon. En ce point se concentre l'énergie de la vie qui anime l'Univers et dont les hautes murailles du temple garantissent la permanence, car Amon, dans les différentes manifestations de sa substance, entretient universellement l'existence. Là se conjuguent deux pouvoirs : celui du roi du ciel et de la terre, Amon, roi des « dieux » et celui du souverain d'Égypte, « fils » de Rê-Amon, son lieutenant sur terre. Ici est marqué le point d'équilibre (Maât), pivot d'un univers de durée, car éternellement renouvelé. Toute la salle est harmonie. Chacun de ses supports est grand comme Pharaon lui-même, ce lien médiatique entre sphère céleste et glèbe fertile qu'exaltent les immenses colonnes papyriformes de la travée solaire, d'orient en occident, sur le trajet obligé de

▽
Au-delà du Nil, l'horizon est borné par la grande barrière rocheuse de la montagne thébaine, amorce de l'immense étendue du désert occidental. Le disque solaire vient disparaître chaque jour derrière la cime sainte qui domine les nécropoles. « Avalé » par la terre, il traversera le monde souterrain pour renaître le matin suivant à l'est, plein de force et de vie.

◁
Peinture murale de la tombe de Neferhotep figurant, à gauche, le Nil, au centre, le canal menant au grand bassin d'accès à Karnak. On reconnaît, à droite et au centre, l'emplacement du quai-tribune.

▽
L'éveil de la demeure divine. A l'est le soleil va paraître et les contours de la grande entrée se détachent, éclairés à contre-jour. Le quai-tribune apparaît au premier plan.

toute liturgie royale solennelle. Fouillis de colonnes, fouillis de roseaux... tout le reste de la salle est dans la pénombre comme le marais de Chemmis, à l'abri duquel Horus a grandi avant d'accéder au pouvoir. Basilique du sacre, de l'intronisation, du couronnement, c'est à la mesure de ces solennités que l'hypostyle de Karnak fut conçue et édifiée, mais aussi et surtout parce que le monarque suprême, parangon de tous les pharaons, devait, au moment voulu, y occuper la première place.

Quand le Roi des Dieux sort de son temple

Après le VIe siècle avant notre ère, Amon et ses parèdres ne font plus qu'une brève station dans les reposoirs du nord. Taharqa, le pieux pharaon venu de la lointaine Nubie, a donné au roi des dieux une station-reposoir digne de la splendeur renouvelée de ses liturgies solennelles. Il l'a fait placer au centre vrai de la cour, sur l'axe du trajet qui, d'est en ouest, est le parcours de la sortie du dieu. Entre les gigantesques colonnes, voilées des étoffes rituelles, le socle de la barque accueille son précieux fardeau. En ce temps-là, le nombre des porteurs (jusqu'à trente-deux, seize par rang), l'énormité du pavois et du vaisseau rendent délicate la manœuvre. Dans le Kiosque aux larges ouvertures axiales, elles sont rendues plus aisées et la liturgie en acquiert une majesté accrue. A ce point de la procession, le créateur de l'univers ne peut se montrer dans un cadre médiocre. Derrière lui, vers l'ouest, le second pylône campe sa masse énorme et pourtant élégante. En haut des huit mâts claquent dans l'air encore frais du matin les huit oriflammes verts, rouges et blancs. Que d'acrobaties il aura fallu aux stolistes (les préposés aux étoffes sacrées) pour accomplir cette besogne. L'avant-porte du vestibule du passage central est encore ouverte, rabattue dans les logements latéraux. Mais déjà, les massifs vantaux de cèdre, armés de bronze rehaussé d'or fin et d'électrum, de l'immense salle royale des Ramsès, l'hypostyle de Karnak, se sont refermés. Le roi des dieux est sorti de son temple pour ac-

▷
La voie sacrée bordée des sphinx-béliers, images multipliées d'Amon, créateur de toute vie.

▷
La divine route des processions s'anime aux jours de fête. Les prêtres au crâne rasé et vêtus de lin pur portent, sur leurs épaules, les brancards de support de la barque sacrée d'Amon surmontée d'un baldaquin en bois doré.

◁
Derrière l'immense porte, le sanctuaire s'éveille. La procession s'avance dans la « cour des fêtes », dont on aperçoit à l'arrière-plan les portiques.

◁
Les chapelles-reposoir, ont ouvert leurs portes. On pénètre à l'intérieur de la cour de l'édifice de Ramsès III, dont les portiques sont bordés de colosses royaux alignés.

▷
Amon-Rê, le « roi des dieux » annonce, la solennité du jour.

complir son voyage vers son escale du sud. La première place, telle est bien celle que la nef sainte d'Amon se voit réserver lorsqu'au matin de la fête d'Opê du Sud, elle quitte son reposoir. Quand, tel le soleil levant venu de l'est, elle franchit le passage du IIIe pylône et gagne l'hypostyle en grande majesté, c'est la vision annonciatrice du divin qui envahit les assistants privilégiés rangés, selon le protocole, tout au long de la nef centrale. Lorsque les hymnes éclatent, exaltant le « Un qui demeure unique sans son pareil, qui préside à Karnak... qui vit de Maât, chaque jour[1] », c'est le grondement du souffle divin qui semble s'emparer de tout l'espace. A la croisée des axes, au seuil vital du sanctuaire, les porteurs font station. La nef d'or s'arrête, sur le support voilé mis en place pour la fête. Les deux rois vont se reconnaître, se confirmer l'un l'autre, dans la fumée épaisse des résines odorantes, au son des paroles liturgiques reprises par les chœurs. Tandis que Pharaon chausse ses sandales et prend les attributs du ritualiste en chef, les porteurs d'avant se placent sous le pavois ; un geste, et ce sont ceux d'arrière qui amorcent la délicate manœuvre de chargement. L'équilibre, là encore, est la marque nécessaire de tous les actes. Quand la marche reprend, vers l'ouest, le souverain, entouré des flabellifères, conduit son père le dieu ; ou encore, placé à sa droite, il veille sur lui, purifiant son auguste chemin, sans relâche, avec le « Bras d'Horus » et l'aiguière d'or. « Le dieu vient, que soit la protection ! »

Les fastes d'antan...

Sur le parvis du IVe pylône

Karnak, à l'instar de tout édifice de culte sur la terre d'Égypte, est le réceptacle de la présence divine révélée à la terre, le « ciel sur la terre », à la fois protecteur et protégé. Alors que son destin fabuleux de sanctuaire dynastique était encore en germe, au début de la XVIIIe dynastie, c'est ici, sur le parvis du IVe pylône, que Thoutmosis I le fondateur avait fixé la limite occidentale extrême de la demeure divine. Limite en même temps

▽
La barque sacrée de Mout accompagne celles d'Amon-Rê et de Khonsou.

▷▷
Nul n'ignore à Thèbes ou en Egypte le sens de cet emblème : Amon est la puissance solaire de Rê, bélier régénérateur.

▷
Majestueuse étape sur la route du dieu, le kiosque de Taharqa, le Kushite, accueille les enseignes ; le socle reposoir reçoit son précieux fardeau.

▷
Vue générale du grand kiosque de Taharqa, tel qu'il s'élevait naguère, triomphalement, au milieu de la vaste « cour des fêtes ».

qu'unique accès, en ces temps reculés, pour les cérémonies royales, cette façade des appartements secrets du dieu était fastueuse. Matériaux et décors de prix, bois rares des mâts à oriflammes, granit des socles étaient dignes du maître céleste. En avant des môles, judicieusement équilibrée, la paire d'obélisques marquant le centre du parvis était alors le point privilégié du rassemblement des processions de la barque. Captant les rayons de la lumière de vie d'Amon-Rê, le soleil triomphant, l'*électrum* recouvrant leurs pyramidions répondait à l'or de la porte maîtresse. Cette ouverture, profondément enchâssée dans les massifs des môles, n'était, en effet, que jaunes et ors brunis, couleur de la chair solaire ; de même en allait-il de son porche-baldaquin dont les matériaux légers, tout comme les barrières des bases précieuses des mâts, étaient totalement recouverts à la feuille d'or. Le riche métal qui fascine avait ici un autre sens : inaltérable, il était la protection

◁
Le roi encense la proue de la barque divine avec le « bras-d'Horus » triple.

▷
Dans la grande salle hypostyle, les prêtres s'affairent guettant la lumière qui filtre des claustra.

▷
A l'extrémité de l'immense basilique des Ramsès, au-delà du plafond de pierre, apparaît un coin de ciel.

◁
« Le dieu vient, la terre est sauve » et la forêt des colonnes résonne du chant des porteurs qui scandent leur marche.

◁
Jamais lieu royal et divin n'atteignit la splendeur de la salle achevée par Ramsès dans la demeure d'Amon-Rê !

▷
*Le prêtre-*Iounmoutef *saluant l'ennéade des dieux de Karnak. Si Pharaon est sur la voie du dieu, au jour de son sacre, c'est le « Prêtre-du-roi », le grand pontife qui ouvre la marche.*

◁
Là, aux temps anciens, fut l'entrée de la demeure divine et de l'accueil du futur souverain sur le seuil de la maison de son père.

suprême du *passage* sacré qui voyait la majesté du dieu le franchir pour aller vers le monde, tout comme il s'ouvrait pour accueillir l'être privilégié qu'Amon avait choisi : Pharaon, le gardien de Maât. Aux temps anciens où l'hypostyle n'existait pas encore, c'est là, au porche du IVe pylône, que commençait la solennelle « montée royale » qui allait faire de l'élu d'Amon-Rê, roi des dieux, non seulement le seigneur du Double Pays mais encore le prêtre suprême, le médiateur unique entre le ciel et la terre.

Le Prêtre-Roi

Être *prêtre*, selon les règles de l'antique Égypte, c'est à la fois assumer le service de la présence divine, au jour le jour, selon le rituel du culte divin quotidien, et remplir la tâche essentielle du « Purificateur ». Le roi d'Égypte ne peut échapper à cet impératif, être celui qui doit purifier, qui doit aussi être « PUR ». A l'heure du sacre, avant d'avoir accès aux lieux saints, avant de franchir le seuil du IVe pylône, le pharaon en puissance se soumettait au rite : le baptême par l'eau de la vie, porteuse du fluide d'Amon qu'Horus et Thoth, les parrains de l'élu, versaient au-dessus du bassin d'albâtre disposé près du porche. La sanctification accomplie, les battants couverts d'or pouvaient s'ouvrir. La demeure d'Amon accueillait le *Pur d'entre les purs*, le Purificateur et suprême Pontife. Introduit par le haut clergé, il gagnait la galerie royale de Thoutmosis I *(Ouadjyt)* qui faisait suite immédiatement au pylône. En ce lieu, qui connaîtra ensuite tant et tant de bouleversements architecturaux avant d'être supplanté par l'hypostyle, Amon transmettait aux premiers souverains de la splendeur de Thèbes les couronnes, marques de leur pouvoir temporel. A la Blanche du Sud s'ajoutait la Rouge du Nord et la Double Couronne imposée sur son chef transfigurait l'homme-prêtre pour en faire le Roi. En lui, le seigneur de Karnak mettait sa confiance pour conduire les

▽
Ramsès II présentant des offrandes à Amon-Rê. Au nom du roi et pour le roi, honneur soit rendu à Amon, le fils royal officie.

hommes de sa terre et faire régner l'ordre.

A l'heure du sacre

Sur l'initiative de Thoutmosis III, le plus grand des pharaons qui construisirent la nation d'« Égypte », le clergé thébain fut amené à introduire, dans l'*ordo* des cérémonies du sacre à Karnak un élément jusqu'ici inconnu. Auparavant, le couronnement comme l'onction de sacre se déroulaient en un seul et même lieu. Au sud de la galerie de Thoutmosis I, transformée ensuite totalement par Hatshepsout, presque hors les murs, Thoutmosis III fit ériger une merveilleuse chapelle

▷

Le roi en costume de jubilé.

▷▷

Entré au lieu du couronnement, le futur souverain reçoit la garantie des rois-ancêtres campés en leurs colosses.

périptère où, avec lui, l'épisode de l'onction par l'« huile de la Félicité », le *hekenou* des textes, prit un sens nouveau. Amon lui-même présida alors au sacre, transformant l'imposition du chrème au roi déjà couronné en *intronisation divine.* Plus que *Pur*, plus que Prêtre et plus que Roi, Thoutmosis III, et après lui, ceux qui viendraient, trouvaient au « Siège d'Intronisation du sud » la *légitimation* de leur filiation *en Amon-Rê.* Le lourd héritage du gouvernement des hommes, au plus secret du temple, mais sous la lumière directe du Soleil de Vie, devenait encore plus sacré car il signifiait clairement que le seigneur de Karnak donnait à son « fils » le pouvoir d'agir en son lieu et place pour perpétuer l'énergie vitale de l'Égypte. Gravir la rampe de la chapelle où les colosses royaux des pilastres commémoraient l'éternité de la fonction royale, s'agenouiller devant l'effigie sainte d'Amon-le-Père venue du plus secret du sanctuaire, voir en face ce roi révélé, confirmaient pour toujours sa filiation en Amon-Rê et sa légitimité d'Horus-vivant.

La marche vers le pouvoir partagé

Dans l'histoire de l'Égypte, le couronnement et le sacre du nouveau roi coïncidaient presque toujours avec une liturgie majeure d'Amon de Karnak, comme celle de la fête d'Opê du Sud. Au cours de cette liturgie, Amon sortait en procession de son temple et, de reposoir en reposoir, gagnait la ville en liesse en recevant les bruyants témoignages d'amour et de foi de son peuple. C'était alors le devoir du souverain du Double Pays d'honorer son père en prenant la conduite du saint cortège. Il devait auparavant se rendre au reposoir où attendait la barque portative. Guidé par ses parrains, Horus et Montou-Rê, le patron guerrier de Thèbes, qui prenait alors la place de Thoth, le roi s'engageait sur l'axe divin en remontant vers l'est. Devant lui, bien huilés, les lourds gonds des portes des pylônes situés au cœur du temple pivotaient sous l'effort des portiers. La « Montée Royale » ne souffrait plus d'obstacle. Au terme de la marche, face au monumental réceptacle de quartzite, plus tard de granit, du vaisseau divin, tous s'arrêtaient. Pharaon seul, en ce jour qui marquait le début d'un cycle nouveau, pouvait ôter le sceau d'argile et défaire le lien de « jonc du dieu » qui maintenait le verrou des battants. Plus tard, pendant le règne, le Prêtre-du-Roi, premier prophète d'Amon, aurait aussi, par délégation, ce ministère ; mais aujourd'hui, Pharaon seul en avait le pouvoir. Les acolytes poussaient les battants, Pharaon prenait le cierge du feu nouveau, celui qu'au premier de l'an on avait solennellement consacré et allumé, et, franchissant le seuil, révélait « la face du dieu ». Certes, ce n'était que la figure de proue, la tête du bélier solaire, qui scintillait de tous ses ors au vacillement de la lumière de la torche, mais le secret de la cabine précieuse aux baldaquins emboîtés qui occupait le centre du pont de la nef était trop mystérieux pour être révélé. Nul, encore aujourd'hui, ne peut dire avec certitude ce qu'abritait le tabernacle, ni même comment il s'ouvrait. Quel qu'en ait été le support, la présence divine

◁◁
Des gorges du chœur assemblé jaillit le chant des Rekhyt, *action de grâce d'un peuple dont la vie est sauvée et qui est figuré sous la forme d'un vanneau battant des ailes, devant lequel se dressent deux bras en signe d'acclamation.*

▷
Ainsi se présentait l'édifice correspondant au « siège de l'intronisation » où le dieu lui-même confirmait son héritier dans la transmission de la charge royale.

▽
Désormais le roi d'Egypte ne reçoit les couronnes que des mains du roi de l'univers, Amon-Rê, seigneur des trônes du Double-Pays.

était réelle, tout comme celle qui régnait dans le saint des saints.

L'Apparition du Seigneur de Karnak

Le roi lui-même préparait la sortie du dieu, veillant à ce que les stolistes qu'il avait fait entrer donnent au voile de la cabine le galbe prescrit. C'était lui, et lui seul, qui purifiait la barque par l'eau et la résine. Les lieux étaient conçus pour lui réserver l'espace nécessaire tout le temps de l'office : dans l'antichambre, attendaient les acolytes prêts à intervenir sur l'appel royal, de même que les chefs de file des porteurs. Dans le reposoir proprement dit, le souverain accomplissait le circuit autour de l'*ouserhat*[2]. Posée sur son vaste socle de granit en forme d'autel, les barres de portage du pavois escamotées, la barque, à la lumière du cierge royal, ressemblait à cet *esquif primordial* que la tradition associait aux premiers temps du monde, cet amas de papyrus et de limon sortant des brumes du néant liquide que l'énergie du premier soleil changea en vaisseau d'or et de pierreries.

Le pavois divin

Puis, le souverain donnait l'ordre de départ du Vaisseau. Contournant par le couloir de ronde l'habitacle sacré, les porteurs d'arrière descendaient, ouvrant auparavant le portillon de l'est du reposoir — à l'autre bout de la chapelle — et plaçaient leurs barres ; à l'avant, simultanément, sous l'œil vigilant de Pharaon, dans un grand silence que ne troublait même pas le frottement doux des pieds nus sur le sol de granit poli, la sortie se préparait. Et, quand le chœur entonnait l'hymne de circonstance, que les chefs de rang, « forts de bras », amorçaient le portage, le roi soutenait symboliquement son père à l'instant délicat du levage. La gloire d'Amon éclatait à la lumière, dès le franchissement du seuil occidental du Porche d'or précédant le reposoir. Les porteurs, venus des cours latérales, prenaient alors leur place entre les maîtres-porteurs et le pavois divin commençait sa majestueuse procession.

Au plus secret du sanctuaire

Jusqu'ici, c'est le Karnak des jours de fête — très fréquents dans l'année liturgique — qui a été évoqué. Mais, le plus secret, le plus ineffable reste à dévoiler. A l'image du roi triomphant partageant la gloire d'Amon-Rê dans l'éclatante lumière du soleil, il faut, à présent, substituer celle du prêtre, humble serviteur de la Puissance. C'est là le rôle quotidien du *Purificateur*. Le monarque, au jour de son intronisation, tout comme en chacune des circonstances où les devoirs, de sa charge terrestre le rendent au service divin, doit « voir le dieu ». Dès l'aube, il se prépare à accomplir sa charge d'*Ouvreur des Portes du Ciel*.

△
Avec le temps, Karnak demeura le lieu dynastique privilégié de la légitimité, et, dans les actes fictifs du couronnement des successeurs d'Alexandre le Grand, la tradition ancienne est conservée intacte.

Les rites de la lumière

Dans l'obscurité presque totale d'un temple pharaonique, le culte quotidien est, avant tout, une révélation. Au plus profond de Karnak, adossé à l'orient, se trouve le saint des saints. Protecteur de la vie et protégé, également, par la masse des constructions qui assurent son secret, il est totalement plongé dans l'obscurité. Lorsque l'horoscope annonce que Rê, le Disque de Vie, va revenir au monde, Pharaon se met en route vers l'est ; il monte, ouvrant un à un les verrous des portes

◁
Le reposoir de la barque sacrée, abri du vaisseau portatif du dieu, centre vital de toute liturgie solennelle, ouvre ses portes armées de bronze.

scellées, jusqu'au saint des saints. Il porte la lumière de l'aube, le cierge unique de chaque jour. Priant et chantant, il rompt le dernier sceau placé la veille sur le lien des portes du sanctuaire. Au-delà, le sol est vierge, tout est pur. Aucune trace de pas ne souille la fine couche de sable rituelle qui, répandue hier, ne doit porter tout à l'heure que les empreintes des pas d'aujourd'hui. La flamme du cierge royal, levé haut, fait naître des reflets que renvoient les parois admirablement polies du *naos*, sommet de la pyramide, où réside le support terrestre de l'énergie universelle.

Le mystère révélé de la présence

Rehaussée par un socle, massif, la partie centrale du monolithe forme un tabernacle fermé de portes plaquées d'or. Pour les ouvrir, Pharaon doit prendre des mains de l'acolyte le

◁◁
Détail de la barque sacrée montrant le voile de lin pur qui protège la cabine de bois ajourée en l'enveloppant sur presque toute sa hauteur.

△
De part et d'autre du reposoir de granit se trouvaient les courettes bordées de portiques à colonnes polygonales, sous lesquels on apercevait encore une série de colosses royaux alignés.

◁
Le roi présente son offrande à Amon-Rê qui, en échange, lui tend le symbole de la vie figuré par la clé en forme de croix terminée par une anse.

marchepied à deux degrés qui lui permet d'atteindre le sceau. Celui-ci rompu, les *portes du ciel* s'ouvrent et le *Fils de Rê voit son père*. Les gestes rituels vont alors s'enchaîner devant le support de la présence réelle — peut-être une statue, peut-être aussi un emblème vénérable qui n'est qu'une forme exprimée. L'énergie indicible qui réside là doit être entretenue ; transmise à des hommes qui en ont la garde, c'est à la manière des hommes que la Puissance veut être servie.

Toilette, parure, premier repas de l'Éveil du dieu prennent ainsi tout leur sens.

La lumière éclate et se renouvelle

Plus tard, dans la journée, à midi et au couchant, il faudra répéter le service. Telle est la loi journalière. A chaque service, immuablement, seront reproduits les actes de pureté. Ainsi, quand le roi — ou le prêtre-du-roi — aura accompli son sacerdoce, récité toutes les prières sacramentelles, les portes se refermeront ; le sceau sera replacé sur le lien du verrou, l'escabeau retiré. Quatre fois, le souverain tournera avec l'aiguière et le bras d'Horus autour du *naos* refermé ; à la fin du parcours, il effacera, sur le sable renouvelé, les traces de ses pas. Puis, à reculons, conti-

▷
Précieuse présence que celle d'un dieu dont le principe même est d'être inconnaissable ! Le rôle des hommes est celui de gardiens scrupuleux d'un don réversible et fragile que le culte, au jour le jour, permet de garantir.

▷▷
Le roi tire le verrou qui referme les portes du naos, *édicule de granit où se trouve, dans une niche, la statue divine. Il pourra alors ouvrir les battants et contempler l'effigie d'Amon-Rê conservée au plus profond du sanctuaire.*

▽
Lieu de mystère, source de vie pour l'homme, l'abri divin est retourné à l'ombre et au silence. La gestation de la nuit solaire commence. Demain, en un éternel renouveau, celui-là même du monde, le geste accompli au cœur du sanctuaire perpétuera le don de la vie.

nuant à prier et à rendre au sol une surface pure, il regagnera à l'ouest la porte du sanctuaire. Avec lui se retire la lumière ; les battants du saint des saints se referment et le cierge est éteint.

La vraie lumière est au-delà ; elle est aussi partout. L'astre a triomphé du désordre. Maât règne sur l'univers ; la vie éclate puisque sa source d'origine rayonne, intimement cachée mais présente en son horizon terrestre : Karnak.

Justes étaient les versets de l'hymne de clôture du rituel du culte journalier[3] :

« C'est toi le dieu parfait, seigneur des manifestations du divin,
Toi la Puissance révélée de tout ce qui est dans le Ciel,
Le Créateur des humains qui, chaque jour, se dressent à l'aube pour te prier,
Car aucun regard n'est jamais rassasié de ta vue... »

Notes

1. Extrait d'un hymne à Amon du papyrus dit « Boulaq 17 », VIII, 5 ; traduit par Barucq-Daumas, *Hymnes et prières de l'Égypte ancienne* Littératures anciennes du Proche-Orient 10, Paris, 1980, p. 199.

2. Littéralement : « celle dont l'avant est puissant ».

3. Hymne à Amon-Rê de Karnak, papyrus de Berlin, N° 3055, XXV, 3-4, du *Rituel du culte divin journalier* du Nouvel Empire.

Conclusion

Nous venons de parcourir plus de vingt siècles de l'histoire de Karnak, de pénétrer grâce aux images à l'intérieur même de cet édifice sacré. Au-delà des illustrations présentées dans cet ouvrage, il est indispensable d'évoquer, en guise de conclusion, tous les autres volets ouverts par cette recherche interdisciplinaire et de rappeler les résultats majeurs obtenus grâce à l'intensité de l'effort technique exceptionnel consenti pour réussir ce projet innovant.

Il s'agit bien, soulignons-le, d'un *projet innovant d'une étendue exceptionnelle.* Le fourmillement des données, l'extrême variété des problèmes posés jusque dans leurs détails, la complexité de l'agencement des volumes ont eu pour conséquence de faire travailler l'IMB 3090-400 et le logiciel PDMS[1] aux limites de leurs possibilités, ce qui donne une idée de l'ampleur du problème posé. Jamais, un soutien de *mécénat technologique* aussi important n'avait été consacré à l'étude de restitutions architecturales de ce type, encore moins à propos d'un complexe archéologique antique. Pour démontrer la légitimité de cette innovation dans l'application des méthodes de la CAO, pour apporter la démonstration éclatante de son efficacité ailleurs que dans le domaine pour lequel elle a été créée, il fallait un sujet d'exception, un cas particulièrement complexe et difficile. En ce sens, Karnak était sans aucun doute le meilleur de tous les exemples.

Où trouve-t-on dans le monde un ensemble monumental d'une telle ampleur, qui ait vécu si longtemps à des époques aussi reculées de l'Histoire ?

En Égypte, Karnak et son vaste temple d'Amon ne peuvent être comparés qu'à un petit nombre d'édifices nettement plus récents. Ailleurs dans le monde, rien de tel : l'évolution générale du *Forum Romanum* dans la Ville éternelle, de ses origines premières à sa destruction, est loin d'atteindre la complexité de Karnak, et les autres grands temples connus, Angkor Vat, Borobodur ou les vastes cités sacrées du Mexique... ne peuvent également y prétendre, bien que certains d'entre eux aient atteint des dimensions tout aussi colossales.

Comment donner, à l'échelle de la France, une idée concrète de la réalité qui puisse approcher celle d'un site aussi exceptionnel par sa nature, sa structure, sa signification que celui du sanctuaire d'Amon ? La chose est malaisée, mais pour les besoins de la démonstration, que le lecteur imagine un ensemble monumental qui serait devenu progressivement aussi vaste que le Louvre. Sa construction aurait dû être entreprise dès l'époque de Jules César et poursuivie au début de notre ère. Ensuite, avec chaque roi de France, chaque consul, empereur ou République, on l'aurait sans cesse modifié jusqu'à nos jours. Et aujourd'hui, sa vie en serait à peine à l'âge mûr! *Sa croissance devrait encore et encore s'effectuer pendant des siècles.* Revenons-en à ce « Louvre pharaonique ». Il aurait vu Clovis et ses maçons ; il aurait été modifié par Charlemagne, restauré par Saint-Louis, agrandi par Philippe-Auguste et tous les rois capétiens qui firent le royaume de France. La salle hypostyle, plus tard, apparaîtrait avec Henri IV ; les colosses construits par Louis XIV seraient ensuite fracassés au son de la *Carmagnole*. Le premier Empire reconstruirait tout ou presque ; puis suivraient l'édification de portes monumentales, la mise en œuvre des multiples projets ou ajouts de la Restauration, de Napoléon III, de la IIIe République... Les plus éphémères souverains, comme les présidents les moins célèbres, y auraient laissé la trace de leur existence et, pour que la comparaison demeure soutenable, tous ou presque auraient fait édifier les monuments de leur règne ou de leur mandat avec les blocs décorés et inscrits que leurs carriers auraient prélevés dans la démolition du « Louvre » précédent.

Même si le lecteur pouvait accepter d'imaginer un instant une telle fantasmagorie architecturale, il n'aurait fait qu'effleurer la véritable histoire du « Louvre pharaonique ». Car, au-delà de la féerie du « Palais des métamorphoses », il faudrait que ce « Louvre » ait été, durant deux millénaires, le centre religieux par excellence, source permanente et unique de la légitimité du pouvoir. Ni Saint-Denis, ni Reims, cathédrales du Sacre, dans leur signification religieuse et rituelle ne peuvent évoquer, au regard du temple d'Amon-Rê, l'ensemble des fonctions du sanctuaire d'Égypte.

Et l'on est loin, très loin de tout connaître. Les dizaines de milliers de blocs inscrits et décorés que recèle encore Karnak, sans que nul n'ait pu jusqu'ici les étudier, nous réservent bien des surprises. Face à cette richesse cachée et, de ce fait difficilement concevable, l'idée que l'on peut avoir du site de Karnak demeure encore partielle, même après l'enrichissement considérable apporté par les études récentes. Car il n'est pas suffisant de rassembler au prix de longues et patientes recherches sur le terrain, d'innombrables documents épars. Il faut encore y adjoindre les centaines de mètres carrés de reliefs et d'hiéroglyphes, les scruter avec méthode et les relever en détail dans leur totalité. Tout ceux qui, depuis Champollion, sont venus chercher des informations dans les textes et les scènes religieuses ou royales ont très vite abandonné leurs ambitions devant l'ampleur de la tâche. Chacun, alors, a sélectionné ce qui lui paraissait le plus digne d'intérêt ; mais, ce faisant, on a copié le même passage, dessiné le même tableau à l'instar des millions de touristes venus ensuite photographier les mêmes perspectives.

Rares, infiniment rares, sont les ensembles dont on puisse affirmer, aujourd'hui, qu'il en existe un relevé épigraphique complet. La besogne est commencée, elle progresse mais il faudrait sans cesse consacrer à cette tâche ingrate plus d'ouvriers et de moyens. Avant d'être celui qui pense, l'égyptologue doit être celui qui copie, qui dessine, qui collectionne et qui assemble.

Encore aurait-on, disposant des moyens et de la volonté nécessaires, achevé ces relevés que le temple d'Amon-Rê n'aurait pas livré son ultime trésor. Dans le sous-sol des cent trente hectares de l'enceinte sacrée, sous les déblais rejetés par les premiers fouilleurs, les immenses talus qui, au sud, à l'est et au nord, recouvrent ce qui furent les annexes du sanctuaire, combien de vestiges insoupçonnés attendent d'être mis au jour? Quels nouveaux problèmes surgiraient de ces fouilles, quelles questions non encore imaginées se poseraient? Personne ne le sait, car les méthodes de fouille évoluent, tandis que s'élargit sans cesse le champ des préoccupations des archéologues! Lorsqu'en 1906 et 1907, le « nettoyage » de la cour située en avant du VIIe pylône, au sud du grand temple, devint une véritable excavation, dix-sept mille statues de toutes tailles et toutes époques furent découvertes en compagnie de milliers d'autres témoins archéologiques divers. Le fond de l'immense trou, la « Cachette » de Karnak, dont le nom resta par la suite attaché à la cour, ne fut même pas atteint, car les eaux phréatiques, que les pompes d'alors ne pouvaient épuiser, l'interdirent. Que trouverait-on sous les couches de briques de terre crue superposées, preuves de la succession de constructions détruites, que les sondages à

▷▷
La divine famille préside aux fêtes : Amon-Rê assis sur son trône, arborant sur sa couronne les cornes de bélier symbole de puissance, Mout derrière lui coiffée de la double couronne et Khonsou (tenant en main une série de sceptres) dont la tête est surmontée du croissant lunaire.

l'est du lac sacré ou dans la cour du Xᵉ pylône n'ont pu qu'effleurer? Les documents « de surface » furent pourtant recueillis par centaines, mais les connaissances profondes restent encore enfouies par milliers. De telles constatations laissent entrevoir l'immensité des efforts qu'il faudrait accomplir pour parfaire notre connaissance de l'ensemble du temple et de ses dépendances.

Au regard de ce qui vient d'être dit, les résultats obtenus présentés dans ce livre trouvent naturellement leurs limites. L'ouvrage que l'on vient de lire ne peut être qu'une illustration succincte des recherches les plus récentes. Mais il faut également en évaluer toute la portée.

Une étape fondamentale vient d'être franchie conduisant vers plus de connaissances et plus de précisions. Les fils conducteurs principaux de la compréhension des moments cruciaux de l'évolution architecturale du temple de Karnak ont été patiemment tissés ; leur solidité a été éprouvée, grâce à l'intelligence logique de l'informatique qui rejette impitoyablement l'erreur ou l'impossible et qui traduit dans ses images électroniques ce qui est vraisemblable ou peut l'être. Construites méthodiquement à partir des données les plus sûres, contrôlées et organisées avec une grande exigence, ces images deviennent vite familières. Chacun, à travers elles, *reconnaît,* comme s'il en avait été le contemporain, le Karnak de Thoutmosis II, celui d'Hatshepsout, de Thoutmosis III ou de Ramsès II. Dans le même temps, il est à même de suivre, selon la perspective choisie, l'évolution historique de Karnak, dans ses transformations successives et jusqu'à la photographie actuelle des ruines.

L'intérêt de la CAO ne s'arrête pas là. Les images claires, synthétiques qui paraissent aujourd'hui significatives des connaissances des chercheurs *peuvent être demain améliorées, voire remises en cause par la découverte d'un fait nouveau.* Grâce à l'informatique, cet accroissement d'informations devient immédiatement utilisable. En effet, *les représentations CAO sont toutes modifiables en un temps extrêmement bref.* Tous les volumes, dont les caractéristiques sont enregistrées dans la mémoire de la machine, correspondent aux pièces d'un « jeu de construction », infiniment varié, dont on peut changer éléments et combinaisons si nécessaire. L'opérateur peut ainsi ajouter, retrancher, améliorer une forme et réexaminer les problèmes, sans cesser d'avoir sous les yeux une représentation spatiale fidèle aux hypothèses formulées. Dès lors, il est permis de tracer, sans danger, des images immatérielles et fugaces que des moyens conventionnels n'auraient pas permis de dessiner et que la prudence scientifique aurait dissuadé de publier, alors même que ces visions hypothétiques sont indispensables à la réflexion. L'ordinateur en garde le souvenir pour en tirer éventuellement parti. Aux dessins ou aux modèles solides trop rigides, la CAO oppose son extraordinaire souplesse d'utilisation, sa variété d'expression, son inépuisable mémoire. Les images suivent pas à pas le raisonnement et celui-ci s'appuie, pour progresser, sur les représentations précises qu'il a imaginées et obtenues.

Précise et puissante, la méthode de la conception assistée par ordinateur devient un auxiliaire précieux pour orienter la recherche vers de nouvelles voies. Elle ne se borne pas à représenter la vision personnelle du chercheur désireux de tester une hypothèse aux contours nécessairement flous ; elle met en évidence les impossibilités, détecte les anomalies, interroge et sollicite le demandeur. *L'ordinateur accompagne la pensée du chercheur jusque dans ses nuances en rappelant, si besoin est, les données chiffrées fondamentales de la construction.* Avantage immense qui prévient, surtout, toute erreur mathématique, mais qui permet aussi de procéder à des estimations ou à des calculs peu habituels dans l'étroite communauté des archéologues. On peut ainsi évaluer instantanément, si on le souhaite, le volume de pierre à bâtir extrait des carrières de Gebel Silsileh pour édifier la Salle Hypostyle ou, encore, la masse et le nombre de briques de terre crue qu'il a fallu mouler pour les échafaudages de construction des pylônes. Une réserve énorme de renseignements potentiels est ainsi accessible à tout instant.

L'utilisation des procédés de la CAO nous entraîne aussi au-delà du visible: plans, coupes, vues perspectives, vues de dessus certes, mais aussi vues de dessous. On peut ainsi contempler Karnak depuis la « barque solaire », même lorsque celle-ci parcourt, par-delà le visible, les heures de la nuit. Qui aurait, jusqu'ici, osé imaginer qu'il verrait à travers les murs, que, sous ses yeux, un volume construit pourrait devenir transparent, que

derrière les épaisses parois du IIe pylône apparaîtraient soudain les majestueuses colonnes de l'hypostyle ramesside! La CAO rend ces exercices possibles et même familiers. Puissance des moyens de la technique moderne! Mais Amon « le caché » a voulu nous montrer que malgré leur puissance, les ordinateurs et leurs logiciels trouvaient aussi leurs limites! En tentant de représenter le temple d'Amon dans sa totalité, nous avons atteint les limites du logiciel, limites que nous n'avions pas perçues en représentant les volumes des centrales nucléaires. Belle leçon de modestie dont les informaticiens de la Direction des Études et Recherches d'Électricité de France ont tiré parti pour améliorer le logiciel... Au-delà de la simple curiosité, ces *incursions dans l'invisible* facilitent la démarche scientifique. Tandis que les couleurs que l'on fait apparaître permettent de différencier les principales époques de construction et fixent ainsi l'échelle du temps, la *transparence* met en valeur l'imbrication des volumes, organisant par là l'espace.

Les images données par la CAO *ne sont pas des photographies : elles vont du diagramme à la maquette, en passant par le croquis* ou *le dessin*. Dans tous les cas, ce sont des *épures à trois dimensions*, pensées, calculées puis construites. Supports d'une réflexion précise de nature logique et mathématique, du fait du grand nombre de données qu'elles ont nécessitées, elles peuvent être utiles bien au-delà des limites pourtant vastes du temple d'Amon-Rê de Karnak. Il devient possible, dès à présent, de dessiner et de restituer les volumes de tous les édifices de culte de la Vallée du Nil. L'investissement scientifique consenti à propos de Karnak pourrait sans peine être rentabilisé si l'on voulait, un jour, créer les maquettes évolutives des temples de Louqsor, Medinet-Habou, Philae ou Edfou. L'adaptation spécifique est aisée à mettre en œuvre : il suffirait pour cela que toutes les phases de leur évolution, infiniment moins compliquée que celle de Karnak, soient converties en données CAO avec une précision égale.

Comme ce livre en apporte la démonstration par les documents illustrés qu'il présente, la

△
Effigie d'Aménophis IV montrant l'accentuation très particulière des traits du souverain voulue sous ce règne. Le visage du roi revêt ainsi à dessein un caractère unique, le menton plongeant, les joues émaciées ; les yeux en amandes illustraient ces déformations qui peuvent nous sembler aujourd'hui, à tort, comparables à celles d'une caricature mais qui rendent immédiatement reconnaissable toute représentation de ce roi. Il apparaît ici caressé par les rayons bienfaisants du disque solaire, Aton. Chacun d'eux est terminé par une petite main qui, souvent, tient le signe hiéroglyphique (ankh) exprimant la vie : une petite croix pourvue d'une boucle.

conception assistée sur ordinateur peut être un merveilleux instrument de publication. Grâce à un appareillage perfectionné, une image sélectionnée sur l'écran vient, à la demande, s'imprimer sur le papier. Tous les stades d'élaboration d'un matériel « écrit » d'édition peuvent ainsi être obtenus. Si l'égyptologue doit replacer dans l'espace les scènes qu'il a relevées et qui n'ont de sens véritable qu'en liaison avec le lieu où elles se déroulent, il dispose en un temps record des coupes, élévations, axonométries, perspectives, sous tous les angles désirés et à toutes les échelles. Il en va de même pour l'architecte qui doit préparer les « dessous » d'une enquête détaillée de terrain et qui, avec les moyens habituels, aurait passé des heures à traiter l'indication de l'appareillage des murs ou encore les limites d'enfouissement des structures avant une fouille.

Il fallait écrire ce « Temple d'Amon restitué » *pour faire connaître largement ce que peut devenir l'égyptologie moderne et ce dont elle est capable, même lorsqu'il s'agit d'un site aussi vaste et aussi complexe que celui de Karnak.* L'étrange itinéraire dans le temps et dans l'espace dont le lecteur n'a parcouru, ici, que les points remarquables, n'est pas complètement tracé. L'image-reine, qui n'est présentée, dans ce livre, que dans un enchaînement de vues fixes, peut par le biais du film, de la télévision, de montages audiovisuels, traduire de manière encore plus efficace le mouvement et la durée, bref, la vie du Karnak disparu. D'infinies possibilités de diffusion, avec des moyens puissants, peuvent se greffer sur la CAO pour satisfaire la curiosité du public ou, encore, concourir à la formation de l'étudiant et du chercheur. Déjà dans les laboratoires de la Direction des Études et Recherches à Clamart, grâce à un nouveau dispositif utilisé pour l'étude de certaines interventions délicates dans les centrales nucléaires, on peut, à l'aide du clavier, cheminer dans le temple de Karnak comme le faisaient les prêtres d'Amon. On peut replacer à différentes époques les itinéraires rituels à travers les cours et les salles successives, découvrant ainsi pas à pas les perspectives qui s'offraient à la vue des pharaons successifs ou du grand prêtre se rendant au petit matin jusqu'au *naos.*

En un temps où le dialogue entre l'homme et la machine se développe à un rythme sans cesse accéléré, l'archéologie ne peut plus se limiter à l'étude du terrain ni se borner à la confrontation de ses observations avec le fruit des consultations de publications dans les bibliothèques. L'égyptologie a fait de gros efforts pour constituer une réserve de connaissances qu'elle accroît sans cesse. Aussi ne peut-elle négliger les immenses profits qu'elle doit attendre de leur exploitation. Et il est fort heureux que la documentation scientifique d'un site aussi essentiel et célèbre que Karnak, contenue dans la grande base de données souple et évolutive que le Centre franco-égyptien de Karnak et EDF ont constituée, soit à présent accessible.

Une ère nouvelle s'ouvre. Pour la première fois, des chercheurs du monde industriel, aux préoccupations très éloignées des « douces rêveries » des archéologues de l'Égypte antique, ont, avec enthousiasme, trouvé le langage et les voies de communication nécessaires pour résoudre, en commun avec des égyptologues, des problèmes dont ils avaient compris, d'emblée, qu'ils n'avaient rien de rêves fous. Habitués à concevoir avec l'aide d'ordinateurs puissants de grands projets industriels, les multiples difficultés que posait la compréhension du sanctuaire d'Amon les ont séduits. Aux chercheurs s'efforçant de comprendre la pensée religieuse des bâtisseurs de Karnak, d'entrer au plus profond de ses détours et de tenter de les expliquer, les ingénieurs-chercheurs, qui jettent les bases de la technologie du IIIe millénaire, ont apporté à la fois la maîtrise de la machine et de ses possibilités, mais aussi leurs méthodes et leur savoir-faire ; ils leur ont ouvert les portes de l'exact et du vrai.

En retour, ils ont découvert un monde ancien, mais nouveau pour eux : celui de l'Égypte du passé, de sa pensée religieuse, de sa croyance en une vie éternelle, celui de la foi de ses bâtisseurs... Car, il ne s'agissait pas seulement de demander à la machine de reproduire un dessin, il fallait lui apprendre la grammaire des bâtisseurs de Karnak pour qu'elle soit capable, elle-même, à partir de quelques données, de concevoir des éléments architecturaux simples : un colosse, un obélisque, une colonne papyriforme... puis de les rassembler dans des ensembles construits : cours, salles.... Les difficultés rencontrées dans la représentation du temple les ont conduits à améliorer leur outil et ainsi à progresser dans leur propre métier. Ce projet leur a permis de sortir de leur domaine habituel de travail et d'utiliser leurs compétences à mieux connaître et faire connaître ce haut lieu de la culture. Leur motivation, leur enthousiasme ont été à la mesure de l'enjeu : ils ont participé au programme établi en commun avec le Centre franco-égyptien de Karnak, sans décaler pour autant leur propre programme de recherche.

Rappelons à cet égard que les premiers relevés épigraphiques concernant le temple du Moyen Empire ont commencé début 1987. En avril 1988, les principales hypothèses d'agencement étaient prêtes. Testées par le CAO au cours de l'été 1988, seules deux d'entre elles ont résisté à l'analyse ; elles ont été présentées à la communauté égyptologique au Congrès International du Caire d'octobre 1988. Quel chemin parcouru — en deux ans à peine — au bout duquel le lecteur, quelques mois après les archéologues, voit surgir du passé les formes de ce temple qui avaient quitté depuis si longtemps la mémoire de l'Homme !

Face à un développement technologique sans précédent qu'il n'est pas toujours facile de suivre, face à un monde qui accuse ses divergences et s'interroge sur son avenir, il est rassurant de penser que le passé de l'humanité garde un sens. L'extraordinaire aventure — au plein sens du terme — d'un Karnak vivant à nouveau, grâce aux moyens de la technologie moderne, a pris un tour inattendu, car elle est venue confirmer la pensée du sage égyptien antique pour qui *il n'est pas d'avenir sans passé*... dans la mesure où le divin continue à animer l'homme. Au seuil de la civilisation post-industrielle, cette parole demeure pleine de sens : elle donne à l'archéologie le gage de son existence future, pour autant, bien sûr, qu'elle sache acquérir et diffuser le savoir technologique qui lui est offert.

Notes

1. Planning Design Management System.

B I B L I O G R A P H I E

Ouvrages généraux

F. Daumas, *La civilisation de l'Égypte pharaonique,* Arthaud, Paris, 1965.
S. Sauneron, *Nous partons pour l'Égypte,* Paris PUF, 3e éd., 1976.
J. Malek, *Atlas de l'Égypte ancienne,* Paris, 1982.
J. Vercoutter, *À la recherche de l'Égypte oubliée*, Paris, 1986.
Ch.G. Coulston Gillepsie, M. Dewachter, *Monuments of Egypt, the Napoleonic edition,* Princeton university Press, New-York, 1987.
M. Sidhom, *Description de l'Égypte,* Paris, 1988.
S. Sauneron, *Les prêtres de l'ancienne Égypte,* 2e éd., Paris, 1988.

L'Égypte des origines — Le pays et les hommes

J. Vercoutter, *l'Égypte ancienne,* Paris, PUF, « Que sais-je ? », n° 247, 1957, réédité et remis à jour en 1981, réimpr.
M. Hoffmann, *Egypt before the Pharaos,* Londres, Routledge and Kegan, 1979.
J. Leclant éd., *le Monde égyptien — Les Pharaons I-Le Temps des pyramides,* « L'Univers des Formes », Paris, Gallimard, 1978.

Naissance de Thèbes et histoire de l'empire

J. Leclant éd., *les Pharaons-II. L'Empire des conquérants,* « L'Univers des Formes », Paris, Gallimard, 1979.
Ch. Jacq, *l'Égypte des grands pharaons,* Paris, Librairie Académique Perrin, 1981.

Thèbes et ses monuments

G. Legrain, *Louqsor sans les pharaons,* Bruxelles, Vromant, 1914.
J. Capart, M. Werbrouck, *Thèbes, la gloire d'un grand passé,* Bruxelles, Vromant, 1925.
M. Pillet, *Thèbes, Karnak et Louqsor,* Paris, 1928 ; *Thèbes, palais et nécropoles,* Paris, 1930.
A. Bellod, J.-C. Golvin, Cl. Traunecker, *Du ciel de Thèbes,* Paris, éd. Recherche ADPF, 1983.

Karnak et ses temples

Publications générales

P. Barguet, *le Temple d'Amon-Rê à Karnak. Essai d'exégèse (Recherches de philologie, d'archéologie et d'histoire).* Le Caire, IFAO, t. XXI, 1962.
P. Barguet, « Karnak, métropole religieuse de

l'Égypte », *Archeologia*, n° 15, mars-avril 1967, pp. 58-65.
CFETK, « Karnak, l'Égypte du grandiose », *Histoire et Archéologie*, dossier *Archeologia* n° 61, mars 1982, 115 p.
Cl. Traunecker — J.-C. Golvin, *Karnak-Résurrection d'un site*, Paris, 1984.
J.-C. Goyon, « Thèbes : an mille », *le Monde de la Bible*, n° 45, août-octobre 1986, pp. 18-22.
J. Lauffray, *Karnak d'Égypte, domaine du divin*, Paris, éd. du CNRS ; 1979.
J.-C. Golvin — J.-C. Goyon, *Les bâtisseurs de Karnak*, Paris éd. Presses du CNRS 1987.
M. El Saghir— El Sayed Hegazy —J.-C. Goyon — J.-C. Golvin *Guide de Karnak*, Paris, éd. Presse du CNRS, 1988.

Publications spécialisées

Le site

A. Mariette-Bey, *Karnak, étude topographique et archéologique*, Leipzig, 1875.
L. Borchardt, « Zur Baugeschichte des Amontempels », *Untersuchungen zur Geschichte und Altertumskunde Ägyptens*, 5, Leipzig, 1905.
G. Legrain, *Les Temples de Karnak*, Bruxelles, 1929.

Les monuments — Études spécifiques principales

J. Benson-Gourlay, *The Temples of Mut in Asher*, Londres, 1899.
G. Legrain, E. Naville, « L'aile nord du pylône d'Aménophis III », *Annales du musée Guimet* 30, Paris, 1902.
H. Chevrier, *le Temple reposoir de Ramsès III à Karnak*, Le Caire, 1933.
E. Drioton, *le Temple reposoir de Séthi II à Karnak*, Le Caire, 1940.
Reliefs and Inscriptions at Karnak. I-II. Temples de Ramsès II, de la grande cour d'Amon et de l'enceinte de Mout, Chicago, 1936 ; III. Portique bubastide, Chicago, 1954.
H. Ricke, « Das Kamutef-Heiligtum in Karnak », *Beiträge zur altägyptische Bauforschung Ägyptens*, 3, 1954.
C. de Wit, *les Inscriptions du temple d'Opet à Karnak*, Bruxelles, 1958-1968.
P. Lacau, H. Chevrier, *Une chapelle de Sésostris Ier à Karnak*, texte, Le Caire, 1956 ; planches, Le Caire, 1969.
J. Leclant, *Recherches sur les monuments thébains de la XXVe dynastie dite éthiopienne*, Le Caire, 1965.
L. Habachi, « The Second Stela of Kamose », *Abhandlungen des Deutschen Archäologischen Instituts*, Abteilung Kairo 8, Glückstadt, 1972.
R. Smith, D. Redford, *The Akhenaten Temple Project*, I. Warminster, 1976 ; II. 1982.
R.A. Parker, J. Leclant, J.-C. Goyon, *The Edifice of Taharqa*, « Brown Egyptological Studies » VIII, Londres, 1979.
P. Lacau, H. Chevrier, *Une chapelle d'Hatchepsout à Karnak*, avec la collaboration de Marie-Ange Bonhême et de Michel Gitton, texte, Le Caire, 1977 ; planches, Le Caire, 1979.
The Temple of Khonsu, I. Chicago, 1979 ; II. Chicago, 1981.
C. Traunecker, F. Le Saout, O. Masson, *la Chapelle d'Achôris à Karnak*, II, Paris, 1981.
J. Jacquet, *Karnak-Nord*, V. Le Caire, 1983.
S. Sauneron, *la Porte ptolémaïque de l'enceinte de Mout à Karnak*, Le Caire, 1983.
Ch. C. Van Siclen III, *The Alabaster Shrine of King Amenhotep* II, « The Brooklyn Museum Archaeological Expedition to the Precinct of Mut at South Karnak », San Antonio, Texas, 1986.

Travaux de Karnak depuis 1967 (création du CFETK)

Une bibliographie complète figure dans les *Cahiers de Karnak* (huit fascicules publiés) organe du Centre/Mission permanente, édité conjointement avec l'Organisation des antiquités de l'Égypte, le Centre national de la recherche scientifique et le ministère des Affaires étrangères ; les deux derniers volumes *Karnak* II et *Karnak* VIII ont paru aux éditions *ADPF*, Recherches sur les grandes civilisations, Paris, en 1982 et 1987.

CREDITS PHOTOGRAPHIQUES

Alain Bellod : p. 91. **Archives CFETK** : p. 20 ; p. 22, en haut et en bas ; p. 23 ; p. 25 ; p. 27 ; p. 28 , en haut et en bas ; p. 30 ; p. 32 ; p. 33 ; p. 98 ; p. 100, en haut ; p. 101, en bas ; p. 106 ; pp. 112-113 ; p. 120 ; p. 125, en haut. **EDF** : pp. 6-7 ; pp. 36-37 ; p. 42, en haut et au milieu ; p. 43 ; p. 44 ; p. 45, à droite ; p. 47 ; p. 48 ; p. 49 ; p. 52 ; p. 53 ; p. 54 ; p. 56 ; p. 58, au milieu ; p. 59, au milieu ; p. 61, en haut, à gauche ; p. 62, au milieu, à gauche ; p. 65, en haut et au milieu ; p. 66, en haut et en bas ; p. 68, à gauche ; p. 72, à gauche ; p. 73, à droite ; p. 74, en bas ; p. 76, au milieu à droite ; p. 78, en haut, à gauche et au milieu ; p. 79, au milieu, à gauche, et à droite ; p. 80, en haut, à gauche et en bas, à droite ; p. 81, au milieu, à gauche, et en bas ; p. 82 ; p. 83, à droite ; p. 84, au milieu et à droite en bas ; p. 85, à droite et en bas ; p. 87, en haut, à droite et en bas ; p. 88, au milieu ; p. 89, en haut à droite ; p. 90, en bas ; p. 96, en haut à gauche ; p. 99 ; p. 100, au milieu ; p. 101, au milieu ; p. 102 ; p. 103 ; p. 108 ; p. 109 ; p. 115 ; p. 116 ; p. 117 ; p. 118 ; p. 121 ; p. 125, au milieu ; p. 126 ; p. 127 ; p. 132 ; p. 134, p. 135 ; p. 137, en haut ; p. 142, en haut ; p. 143, en bas ; p. 145, en haut ; p. 146. **Jean-Claude Golvin** : p. 2 ; p. 24, en haut et en bas ; p. 26 ; p. 29, au milieu et en bas ; p. 31 ; p. 34 ; p. 35 ; p. 40 ; p. 45, à gauche ; p. 46 ; p. 50 ; p. 57 ; p. 59, en haut ; p. 61, au milieu ; p. 62, en haut ; p. 63 ; p. 67, à gauche et à droite ; p. 68, en haut ; p. 69 ; p. 71 ; p. 72, en haut et au milieu ; p. 73, à gauche ; p. 74, au milieu et en haut, à droite ; p. 75 ; p. 76, au milieu et en bas ; p. 77 ; p. 79, en bas ; p. 80, au milieu ; p. 81, au milieu ; p. 83, à gauche ; p. 84, en haut ; p. 85, en haut, à gauche et au milieu, à gauche ; p. 86 ; p. 87, en haut, à gauche, et au milieu ; p. 88, en haut ; p. 89, au milieu ; p. 90, en haut et au milieu ; p. 92 ; p. 94 ; p. 95 ; p. 96, au milieu, à droite ; p. 97 ; p. 104 ; p. 107, au milieu et en bas ; p. 114 ; p. 119 ; p. 122 ; p. 124 ; p. 128 ; p. 129 ; pp. 130-131 ; p. 133 ; p. 136 ; p. 137, en bas ; p. 139 ; pp. 140-141 ; p. 142, en bas ; p. 143, en haut ; p. 144 ; p. 147 ; pp. 150-151 ; p. 153. **Jacques Livet** : p. 110. **Ph. Martinez** photo couverture ; p. 38 ; p. 39 ; p. 55 ; p. 64 ; p. 66, au milieu ; p. 70 ; p. 78, en bas, à gauche ; p. 105 ; p. 138 ; p. 145, au milieu.

Imprimé en Italie
par la G.E.P.